KB056326

ひらがな 히라가나

획순으로 익히기

あ 아 [a]	い 이 [i]	う 우 [u]	え 에 [e]	お 오 [o]
か 카 [ka]	き 키 [ki]	く 쿠 [ku]	け 케 [ke]	こ 코 [ko]
さ 사 [sa]	し 시 [shi]	す 스 [su]	せ 세 [se]	そ 소 [so]
た 타 [ta]	ち 치 [chi]	つ 츠 [tsu]	て 테 [te]	と 토 [to]
な 나 [na]	に 니 [ni]	ぬ 누 [nu]	ね 네 [ne]	の 노 [no]
は 하 [ha]	ひ 히 [hi]	ふ 후 [fu]	へ 헤 [he]	ほ 호 [ho]
ま 마 [ma]	み 미 [mi]	む 무 [mu]	め 메 [me]	も 모 [mo]
や 야 [ya]		ゆ 유 [yu]		よ 요 [yo]
ら 라 [ra]	り 리 [ri]	る 루 [ru]	れ 레 [re]	ろ 로 [ro]
わ 와 [wa]				を 오 [o]
ん 응 [n]				

자르는 선

가타카나 カタカナ

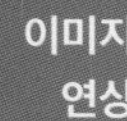
이미지 연상

 아이스크림	 이젤	 우산	 에어로빅	 오징어
 카누	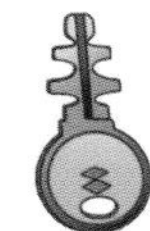 열쇠 키	 쿠폰	 케이크	코너
 사다리	 오줌 쉬(시)~	 스커트	 세균	 소
 타워	 참치	 왈츠	 테이블	 토마토
 나비	 두 이 (니)	 누더기	 넥(네) 타이	 노 (NO!)
 할(하)아버지	 히프	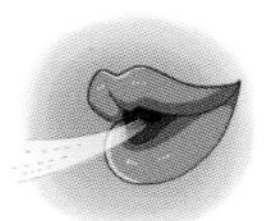 입김 후~	 헤엄	 호랑이
 마우스 (입)	 미술	 무릎	 멜(메)론	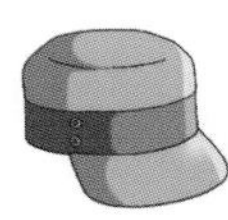 모자
 야구		 유에프오		 요트
 라면	 리본	 캥거루	 레몬	 로봇
 와인				 오리
 응원				

자르는 선

 히라가나 Song

히라가나 ひらがな

이미지 연상 

 **아**기	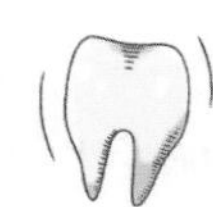 **이**빨	 **우**렁차다	 **에**어로빅	**오**징어
 **카**누	 열쇠 **키**	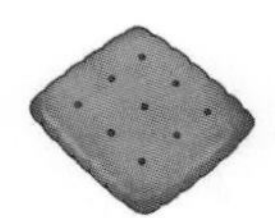 **쿠**키	 **케**이크	 **코**코넛
 **사**슴	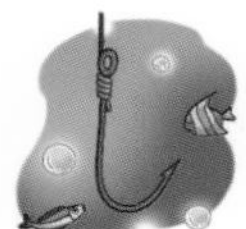 낚**시**	 **스**파게티	**세**탁물	 **소**
 **타**악기	 참**치**	 티셔**츠**	 **테**이블	 **토**끼
 **나**무	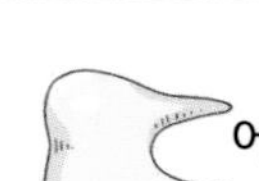 어금**니**	 **누**들	 검은 고양이 **네**로	 **노** (NO!)
 **하**마	 **히**죽	 **후**다닥	 **헤**엄	 **호**랑이
 고구**마**	 **미**끄덩	 시**무**룩	 **메**기	 **모**자
 **야**구		 우**유**		 **요**가
 이겨**라**~!	 **리**본	 **루**돌프	 **레**슬링	 **로**프
 치**와**와				 **오**르다
 **응**원				

カ タ カ ナ
가타카나

획순으로 익히기

ア 아 [a]	イ 이 [i]	ウ 우 [u]	エ 에 [e]	オ 오 [o]
カ 카 [ka]	キ 키 [ki]	ク 쿠 [ku]	ケ 케 [ke]	コ 코 [ko]
サ 사 [sa]	シ 시 [shi]	ス 스 [su]	セ 세 [se]	ソ 소 [so]
タ 타 [ta]	チ 치 [chi]	ツ 츠 [tsu]	テ 테 [te]	ト 토 [to]
ナ 나 [na]	ニ 니 [ni]	ヌ 누 [nu]	ネ 네 [ne]	ノ 노 [no]
ハ 하 [ha]	ヒ 히 [hi]	フ 후 [fu]	ヘ 헤 [he]	ホ 호 [ho]
マ 마 [ma]	ミ 미 [mi]	ム 무 [mu]	メ 메 [me]	モ 모 [mo]
ヤ 야 [ya]		ユ 유 [yu]		ヨ 요 [yo]
ラ 라 [ra]	リ 리 [ri]	ル 루 [ru]	レ 레 [re]	ロ 로 [ro]
ワ 와 [wa]				ヲ 오 [o]
ン 응 [n]				

보고 듣고 읽고 쓰면 손에 착! 기억에 착!

착! 붙는 일본어

히라가나 가타카나

저 일본어 공부기술연구소

시사일본어사

✻ 머리말

"일본 글자는 모양이 비슷비슷해서 안 외워져요."

"히라가나도 헷갈리는데 가타카나까지 외워야 하나요?"

일본어를 처음 접하시는 분들이라면, 모두들 비슷한 생각을 하실 겁니다.

다른 언어에 비해 쉽게 배울 수 있을 것 같아 선택했지만, 막상 시작하려니 글자가 도저히 외워지지 않아 포기했다는 분들도 많습니다.

또, 히라가나는 어떻게 외우겠는데, 가타카나까지 꼭 외워야 하냐고 질문하시는 분들도 있는데 결론적으로 말씀드리면, 반드시 학습하셔야 합니다.

일본으로 여행을 가면 바로 체감할 수 있지만, 일본은 가타카나의 사용 빈도가 매우 높습니다. 거리의 간판이며 잡지, 레스토랑이나 카페 메뉴, 상품 패키지 등에도 모두 가타카나로 적혀 있기 때문에 가타카나도 히라가나와 함께 기억해 두시는 것이 좋습니다.

이 책은 한눈에 들어오는 그림을 통하여 글자를 쉽고 흥미롭게 익힐 수 있도록 구성하였습니다. 가장 먼저, 히라가나와 가타카나의 50음도를 '이미지 연상'으로 익힌 후, 각 글자별로 대표적인 단어를 '쓰면서 익히는' 학습 방법입니다. 단어를 익힐 때는 원어민 음성을 통해 발음을 따라해 보는 것이 좋습니다. 일본어에는 음의 고저와 장단에 따라 뜻이 달라지는 단어가 많기 때문에 입으로 소리 내어 따라해 보는 것이 좋습니다.

이렇게 히라가나와 가타카나의 글자 모양과 소리를 잘 익히면 이어서 탁음, 반탁음, 요음, 촉음, 발음(撥音), 장음도 쉽게 기억할 수 있습니다.

일본어를 마스터하고 싶으시다면 더 이상 미루지 말고 이 책으로 시작해 보세요. 일본어를 처음 학습하시거나 글자부터 다시 시작하시고자 하는 분들에게 이 책이 도움이 되었으면 합니다.

저자 일본어 공부기술연구소

✱ 이 책의 구성 및 활용

일본어 문자와 발음의 기본 개념을 살펴봅시다.

히라가나의 발음과 쓰기 연습을 해 봅시다.

가타카나의 발음과 쓰기 연습을 해 봅시다.

✱ 이 책에서는 학습의 편의상, 일본어 발음을 한국어로 표기했습니다. 단, 발음 표기가 실제 원어민 발음과 다소 차이가 날 수 있으니 반드시 원어민 음성(mp3)을 듣고 정확한 발음을 익히시기 바랍니다. 글자도 서체에 따라 조금씩 다르게 보일 수 있으니 쓰기 칸에 제시된 글자를 기준으로 익혀 두세요.

도입부

각 문자의 시작 페이지에는 기본 개념과 함께 발음 표가 정리되어 있습니다. 원어민 음성을 통해 각 문자가 어떻게 발음되는지 확인해 봅시다.

핸드폰으로 QR코드를 찍으면 원어민 음성을 들을 수 있습니다.

TRACK 012

	あ단	い단	う단	え단	お단
あ행	あ 아[a]	い 이[i]	う 우[u]	え 에[e]	お 오[o]
か행	か 카[ka]	き 키[ki]	く 쿠[ku]	け 케[ke]	こ 코[ko]
さ행	さ 사[sa]	し 시[shi]	す 스[su]	せ 세[se]	そ 소[so]
た행	た 타[ta]	ち 치[chi]	つ 츠[tsu]	て 테[te]	と 토[to]
な행	な 나[na]	に 니[ni]	ぬ 누[nu]	ね 네[ne]	の 노[no]
は행	は 하[ha]	ひ 히[hi]	ふ 후[fu]	へ 헤[he]	ほ 호[ho]
ま행	ま 마[ma]	み 미[mi]	む 무[mu]	め 메[me]	も 모[mo]
や행	や 야[ya]		ゆ 유[yu]		よ 요[yo]
ら행	ら 라[ra]	り 리[ri]	る 루[ru]	れ 레[re]	ろ 로[ro]
わ행	わ 와[wa]				を 오[o]
	ん 응[n]				

23

이미지로 연상하기

문자를 자연스럽게 연상할 수 있도록 그림이 제시되어 있습니다. 먼저 그림을 보며 문자 형태를 익힌 후, 획순에 맞춰 따라 써 봅시다.

단어로 익히기

각 문자에 대표되는 단어가 제시되어 있습니다. 원어민 음성(mp3)을 통해 각 단어를 어떻게 발음하는지 확인하면서 따라 써 봅시다.

확인 문제

앞에서 배운 문자들을 문제를 통해 다시 한번 확인해 봅시다. 퍼즐, 줄긋기, 듣고 고르기 등 다양한 문제로 구성되어 있어 재미있게 학습할 수 있습니다.

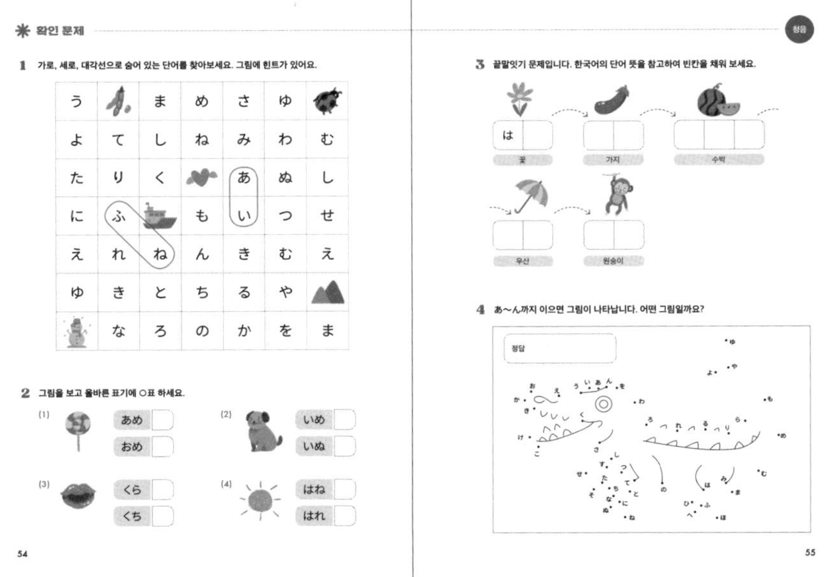

브로마이드

오려서 잘 보이는 곳에 붙이거나 휴대하며 틈틈이 익혀 보세요. 브로마이드 상단에 있는 QR을 핸드폰으로 찍으면 다양한 학습 영상을 보실 수 있습니다.

획순으로 익히기
각 문자의 발음과 획순을
익혀 보세요.

이미지로 익히기
이미지를 떠올리며
히라가나와 가타카나를
기억해 보세요.

히라가나 암기 Song
귀에 쏙쏙 들어오는 노래를
따라 부르며 즐겁게
암기해 보세요.

히라가나 · 가타카나 문자표

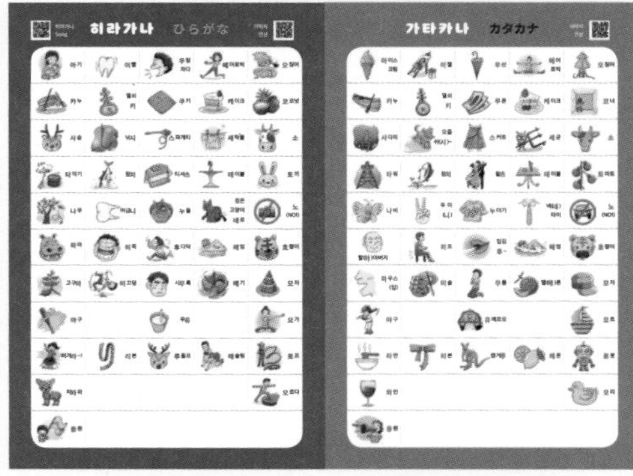

히라가나 · 가타카나 이미지 연상표

✳ 목차 ✳

CHAPTER 1 일본어 문자 이해하기

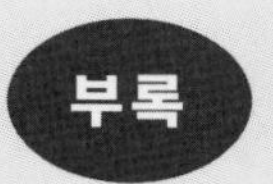

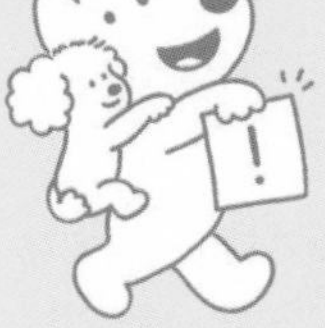

CHAPTER 2 히라가나 익히기

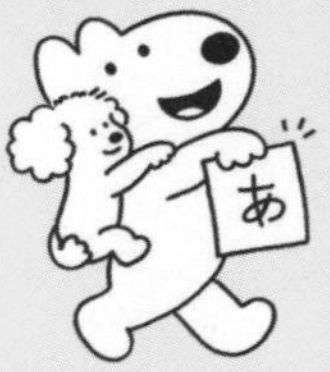

CHAPTER 3 가타카나 익히기

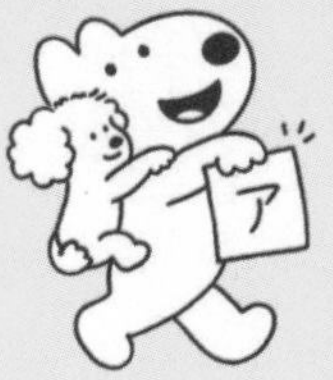

부록

일본어 문자 브로마이드 ✳ 이미지 연상 동영상

획순 동영상 ✳ 히라가나 암기 Song

일본어 문자 이해하기

✻ 일본어 문자

일본어는 히라가나, 가타카나, 한자로 구성되어 있습니다.

히라가나
ひらがな

가장 기본적으로 사용되는 일본어 문자로, 동글동글한 모양이 특징입니다. 한자의 초서체(흘림체)가 변형되어 만들어진 글자로, 옛날 궁중에서 여성들이 수필, 편지, 소설 등을 쓸 때 사용했던 문자였습니다. 히라가나는 처음에는 50음도였으나 지금은 46개만 사용되고 있습니다.

가타카나
カタカナ

히라가나에 비해 조금 딱딱하고 직선적인 형태를 띠고 있는 가타카나는 한자의 일부 획을 따서 만든 문자로, 옛날 승려와 학자들이 경전을 읽을 때 보조적인 표기 수단으로 사용했습니다. 현대 일본어에서는 외래어나 의성어·의태어, 강조할 때 주로 사용합니다. 히라가나와 동일하게 46개의 음으로 이루어져 있습니다.

한자
漢字

일본어는 외래어를 제외한 대부분의 표기를 한자와 히라가나로 합니다. 일본어 한자는 약자(略字)를 사용하기 때문에 한국에서 쓰는 한자와 모양이 약간 다릅니다. 일본에서는 음으로 읽는 '음독' 한자와 뜻으로 읽는 '훈독' 한자가 있습니다.

예 음독 家族 **가족** [카조꾸] / 훈독 家 **집** [이에, 우찌]

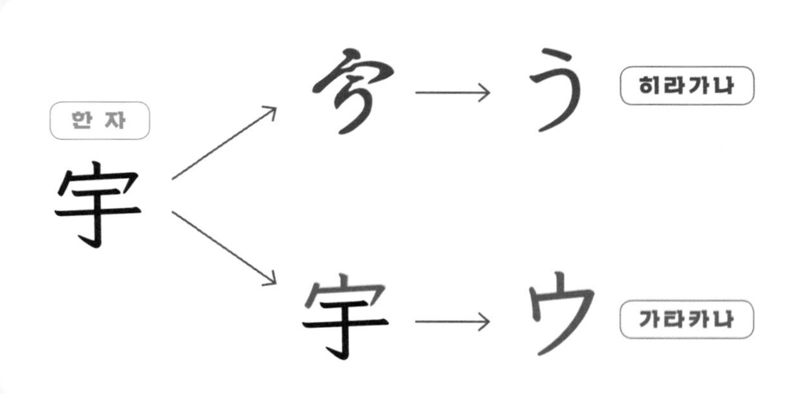

그럼 세 문자가 어떻게 사용되는지 알아볼까요? 앞서 설명했듯이 가타카나는 주로 외래어 등에 쓰이고, 히라가나는 조사나 동사, 형용사의 일부분의 표기에 쓰이며, 대부분의 경우 한자가 쓰입니다. 하지만 한자를 어려워하는 아이들이나 외국인을 위해 한자 위에 히라가나로 작게 읽는 방법을 표시하기도 하는데, 이렇게 작게 표기한 히라가나를 가리켜 '후리가나'라고 합니다.

빵을 먹습니다. [팡오 타베마스]

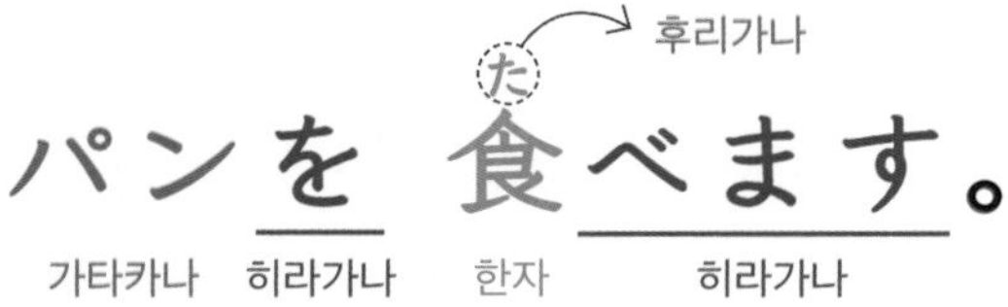

일본어의 특징

- **우리말과 어순이 같아요.**
- **띄어쓰기를 하지 않아요.**
  한자와 히라가나를 함께 쓰기 때문에 띄어 쓰지 않아도 의미가 구분이 돼요. 다만, 초급 교재에서는 학습의 편의상 띄어쓰기가 되어 있는 경우가 있어요.
- **마침표(。)와 쉼표(、)의 모양이 우리말과 달라요.**
  예 ユナさん、こんにちは。 유나 씨, 안녕하세요.
  유나상– 콘–니찌와
- **의문 조사 か 뒤에는 물음표를 사용하지 않아요. (발음할 때 끝음을 올려요.)**
  예 おげんきですか。 잘 지내시죠?
  오겡–끼데스까↗
- **동일하게 발음되는 단어들이 많아요. (한자 또는 억양에 따라 구분해요.)**
  예 あめ (雨) 비 あめ (飴) 사탕, 엿
  아메 아메

✱ 일본어 발음

청음

'맑은 소리'라는 뜻입니다. 단[아・이・우・에・오]은 모음, 행[아・카・사・타・나…]은 자음이라고 생각하시면 됩니다. 각각 어떤 발음인지 간단히 살펴보고, CHAPTER 2와 3에서 자세히 학습하겠습니다.

TRACK 001

히라가나

	あ단	い단	う단	え단	お단
あ행	あ 아 [a]	い 이 [i]	う 우 [u]	え 에 [e]	お 오 [o]
か행	か 카 [ka]	き 키 [ki]	く 쿠 [ku]	け 케 [ke]	こ 코 [ko]
さ행	さ 사 [sa]	し 시 [shi]	す 스 [su]	せ 세 [se]	そ 소 [so]
た행	た 타 [ta]	ち 치 [chi]	つ 츠 [tsu]	て 테 [te]	と 토 [to]
な행	な 나 [na]	に 니 [ni]	ぬ 누 [nu]	ね 네 [ne]	の 노 [no]
は행	は 하 [ha]	ひ 히 [hi]	ふ 후 [fu]	へ 헤 [he]	ほ 호 [ho]
ま행	ま 마 [ma]	み 미 [mi]	む 무 [mu]	め 메 [me]	も 모 [mo]
や행	や 야 [ya]		ゆ 유 [yu]		よ 요 [yo]
ら행	ら 라 [ra]	り 리 [ri]	る 루 [ru]	れ 레 [re]	ろ 로 [ro]
わ행	わ 와 [wa]				を 오 [o]
	ん 응 [n]				

TRACK 002

가타카나	ア단	イ단	ウ단	エ단	オ단
ア행	ア 아 [a]	イ 이 [i]	ウ 우 [u]	エ 에 [e]	オ 오 [o]
カ행	カ 카 [ka]	キ 키 [ki]	ク 쿠 [ku]	ケ 케 [ke]	コ 코 [ko]
サ행	サ 사 [sa]	シ 시 [shi]	ス 스 [su]	セ 세 [se]	ソ 소 [so]
タ행	タ 타 [ta]	チ 치 [chi]	ツ 츠 [tsu]	テ 테 [te]	ト 토 [to]
ナ행	ナ 나 [na]	ニ 니 [ni]	ヌ 누 [nu]	ネ 네 [ne]	ノ 노 [no]
ハ행	ハ 하 [ha]	ヒ 히 [hi]	フ 후 [fu]	ヘ 헤 [he]	ホ 호 [ho]
マ행	マ 마 [ma]	ミ 미 [mi]	ム 무 [mu]	メ 메 [me]	モ 모 [mo]
ヤ행	ヤ 야 [ya]		ユ 유 [yu]		ヨ 요 [yo]
ラ행	ラ 라 [ra]	リ 리 [ri]	ル 루 [ru]	レ 레 [re]	ロ 로 [ro]
ワ행	ワ 와 [wa]				ヲ 오 [o]
	ン 응 [n]				

✳ 일본어 발음

탁음

「か・さ・た・は」, 「カ・サ・タ・ハ」행의 오른쪽 상단에 탁점(゛)이 붙은 글자로, 성대를 울리며 내는 탁한 소리입니다.

TRACK 003

히라가나

	あ단	い단	う단	え단	お단
が행	が 가 [ga]	ぎ 기 [gi]	ぐ 구 [gu]	げ 게 [ge]	ご 고 [go]
ざ행	ざ 자 [za]	じ 지 [ji]	ず 즈 [zu]	ぜ 제 [ze]	ぞ 조 [zo]
だ행	だ 다 [da]	ぢ 지 [ji]	づ 즈 [zu]	で 데 [de]	ど 도 [do]
ば행	ば 바 [ba]	び 비 [bi]	ぶ 부 [bu]	べ 베 [be]	ぼ 보 [bo]

TRACK 004

가타카나

	ア단	イ단	ウ단	エ단	オ단
ガ행	ガ 가 [ga]	ギ 기 [gi]	グ 구 [gu]	ゲ 게 [ge]	ゴ 고 [go]
ザ행	ザ 자 [za]	ジ 지 [ji]	ズ 즈 [zu]	ゼ 제 [ze]	ゾ 조 [zo]
ダ행	ダ 다 [da]	ヂ 지 [ji]	ヅ 즈 [zu]	デ 데 [de]	ド 도 [do]
バ행	バ 바 [ba]	ビ 비 [bi]	ブ 부 [bu]	ベ 베 [be]	ボ 보 [bo]

반탁음 「は」, 「ハ」행의 오른쪽 상단에 반탁점(°)이 붙은 글자로, 성대를 울리지 않고 입술로만 내는 소리입니다.

TRACK 005

히라가나

	あ단	い단	う단	え단	お단
ぱ행	ぱ 파 [pa]	ぴ 피 [pi]	ぷ 푸 [pu]	ぺ 페 [pe]	ぽ 포 [po]

TRACK 006

가타카나

	ア단	イ단	ウ단	エ단	オ단
パ행	パ 파 [pa]	ピ 피 [pi]	プ 푸 [pu]	ペ 페 [pe]	ポ 포 [po]

✳ 일본어 발음

요음 「い」, 「イ」단에서 「い」, 「イ」를 제외한 「き・ぎ・し・じ・ち・に・ひ・び・ぴ・み・り」, 「キ・ギ・シ・ジ・チ・ニ・ヒ・ビ・ピ・ミ・リ」에 「や・ゆ・よ」, 「ヤ・ユ・ヨ」를 작게 표기하여 한 글자처럼 발음합니다.

히라가나 TRACK 007

きゃ 캬 [kya]	きゅ 큐 [kyu]	きょ 쿄 [kyo]
ぎゃ 갸 [gya]	ぎゅ 규 [gyu]	ぎょ 교 [gyo]
しゃ 샤 [sha]	しゅ 슈 [shu]	しょ 쇼 [sho]
じゃ 쟈 [ja]	じゅ 쥬 [ju]	じょ 죠 [jo]
ちゃ 챠 [cha]	ちゅ 츄 [chu]	ちょ 쵸 [cho]
にゃ 냐 [nya]	にゅ 뉴 [nyu]	にょ 뇨 [nyo]
ひゃ 햐 [hya]	ひゅ 휴 [hyu]	ひょ 효 [hyo]
びゃ 뱌 [bya]	びゅ 뷰 [byu]	びょ 뵤 [byo]
ぴゃ 퍄 [pya]	ぴゅ 퓨 [pyu]	ぴょ 표 [pyo]
みゃ 먀 [mya]	みゅ 뮤 [myu]	みょ 묘 [myo]
りゃ 랴 [rya]	りゅ 류 [ryu]	りょ 료 [ryo]

가타카나

TRACK 008

キャ 캬[kya]	キュ 큐[kyu]	キョ 쿄[kyo]
ギャ 갸[gya]	ギュ 규[gyu]	ギョ 교[gyo]
シャ 샤[sha]	シュ 슈[shu]	ショ 쇼[sho]
ジャ 쟈[ja]	ジュ 쥬[ju]	ジョ 죠[jo]
チャ 챠[cha]	チュ 츄[chu]	チョ 쵸[cho]
ニャ 냐[nya]	ニュ 뉴[nyu]	ニョ 뇨[nyo]
ヒャ 햐[hya]	ヒュ 휴[hyu]	ヒョ 효[hyo]
ビャ 뱌[bya]	ビュ 뷰[byu]	ビョ 뵤[byo]
ピャ 퍄[pya]	ピュ 퓨[pyu]	ピョ 표[pyo]
ミャ 먀[mya]	ミュ 뮤[myu]	ミョ 묘[myo]
リャ 랴[rya]	リュ 류[ryu]	リョ 료[ryo]

✳ 일본어 발음

촉음

「つ・ッ」를 작게 표기한 글자로, [ㄱ, ㅅ, ㄷ, ㅂ] 받침처럼 나는 소리입니다. TRACK 009

규칙	예 1	예 2
촉음 뒤에 か·カ행이 오면 [ㄱ]으로 발음 ka행 → [k]	ひっこし 이사 [히ㄱ꼬시]	トラック 트럭 [토라ㄱ꾸]
촉음 뒤에 さ·サ행이 오면 [ㅅ]으로 발음 sa행 → [s]	ざっし 잡지 [자ㅅ시]	メッセージ 메시지 [메ㅅ세-지]
촉음 뒤에 た·タ행이 오면 [ㄷ]으로 발음 ta행 → [t]	おっと 남편 [오ㄷ또]	セット 세트 [세ㄷ또]
촉음 뒤에 ぱ·パ행이 오면 [ㅂ]으로 발음 pa행 → [p]	きっぷ 표, 티켓 [키ㅂ뿌]	カップ 컵 [카ㅂ뿌]

발음

「ん・ン」으로 표기한 글자로 [ㅁ, ㄴ, ㅇ] 받침처럼 나는 소리입니다. TRACK 010

규칙	예 1	예 2
ま·ば·ぱ행, マ·バ·パ행 앞에서는 [ㅁ]으로 발음	かんぱい 건배 [카ㅁ빠이]	コロンビア 콜롬비아 [코로ㅁ비아]
さ·ざ·た·だ·な·ら행, サ·ザ·タ·ダ·ナ·ラ행 앞에서는 [ㄴ]으로 발음	かんじ 한자 [카ㄴ지]	オレンジ 오렌지 [오레ㄴ지]
か·が행, カ·ガ행 앞에서는 [ㅇ]으로 발음	かんこく 한국 [카ㅇ꼬꾸]	ピンク 핑크 [피ㅇ꾸]
あ·は·や·わ행, ア·ハ·ヤ·ワ행 앞에서는 [ㄴ과 ㅇ]의 중간 발음	でんわ 전화 [데ㅇ와]	インフルエンザ 독감 [이ㄴ후루에ㄴ자]

TRACK 011

장음

두 개 이상의 모음이 이어질 경우, 앞의 모음을 길게 발음합니다. 히라가나에서는 장음을 「あ, い, う, え, お」의 모음으로 표기하지만, 가타카나에서는 「ー」로 표기합니다. 모음의 길이에 따라 의미가 달라지는 경우도 있으니 발음에 주의하세요.

규칙	발음	예 1	예 2
あ단 + あ ア단 + ー	→ [아ー]	おばあさん 할머니 [오바ー사ㅇ]	バター 버터 [바타ー]
い단 + い イ단 + ー	→ [이ー]	おじいさん 할아버지 [오지ー사ㅇ]	ビール 맥주 [비ー루]
う단 + う ウ단 + ー	→ [우ー]	くうき 공기 [쿠ー끼]	クーラー 쿨러, 에어컨 [쿠ー라ー]
え단 + え, い エ단 + ー	→ [에ー]	えいご 영어 [에ー고]	ケーキ 케이크 [케ー끼]
お단 + お, う オ단 + ー	→ [오ー]	とうふ 두부 [토ー후]	コーラ 콜라 [코ー라]
요음 + う 요음 + ー	→ [요ー], [유ー]	きょう 오늘 [쿄ー]	ニュース 뉴스 [뉴ー스]

CHAPTER

2

히라가나 익히기

음성 듣기

HIRAGANA

1

청음

일본어를 익히려면 50음도 표부터 외워야 합니다.
50음도 표이긴 하지만 실제 사용되지 않는 것을 빼면 46개입니다.
단[아 · 이 · 우 · 에 · 오]은 모음, 행[아 · 카 · 사 · 타 · 나 …]은
자음이라고 생각하면 됩니다. 마지막 글자 「ん」은 '발음(撥音)'에 속하는 글자인데
뒤에서 살펴보겠습니다. (84p 참고)

	あ단	い단	う단	え단	お단
あ행	あ 아 [a]	い 이 [i]	う 우 [u]	え 에 [e]	お 오 [o]
か행	か 카 [ka]	き 키 [ki]	く 쿠 [ku]	け 케 [ke]	こ 코 [ko]
さ행	さ 사 [sa]	し 시 [shi]	す 스 [su]	せ 세 [se]	そ 소 [so]
た행	た 타 [ta]	ち 치 [chi]	つ 츠 [tsu]	て 테 [te]	と 토 [to]
な행	な 나 [na]	に 니 [ni]	ぬ 누 [nu]	ね 네 [ne]	の 노 [no]
は행	は 하 [ha]	ひ 히 [hi]	ふ 후 [fu]	へ 헤 [he]	ほ 호 [ho]
ま행	ま 마 [ma]	み 미 [mi]	む 무 [mu]	め 메 [me]	も 모 [mo]
や행	や 야 [ya]		ゆ 유 [yu]		よ 요 [yo]
ら행	ら 라 [ra]	り 리 [ri]	る 루 [ru]	れ 레 [re]	ろ 로 [ro]
わ행	わ 와 [wa]				を 오 [o]
	ん 응 [n]				

✱ 이미지로 연상하기 

이미지를 떠올리며 한 글자씩 따라 써 보세요.

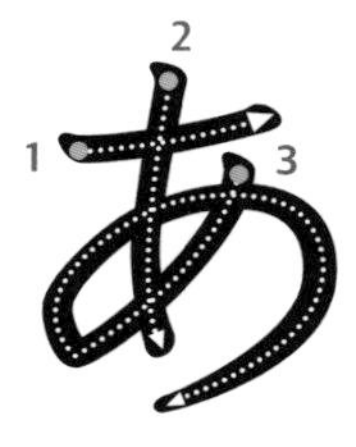

아 [a]
아이

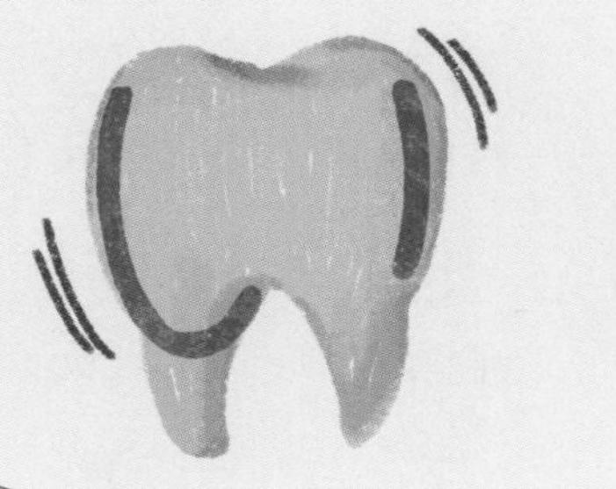

い

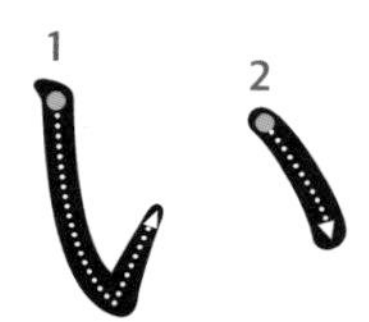

이 [i]
이빨

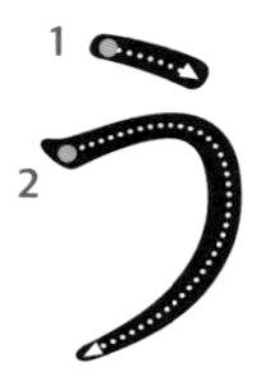

우 [u]
우렁차다

え

1
2
え

에 [e]
에어로빅

お

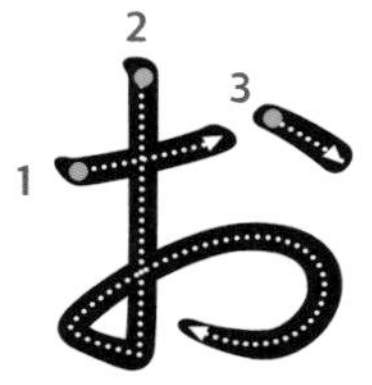

오 [o]
오징어

TRACK 013

✱ 이미지로 연상하기  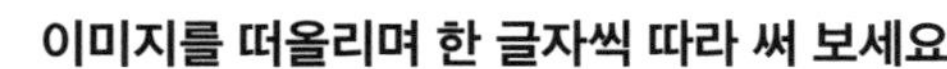

이미지를 떠올리며 한 글자씩 따라 써 보세요.

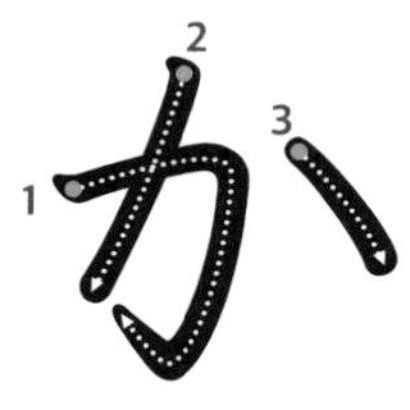

카 [ka]
카누

き

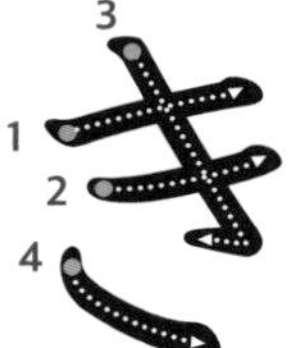

키 [ki]
키(Key)

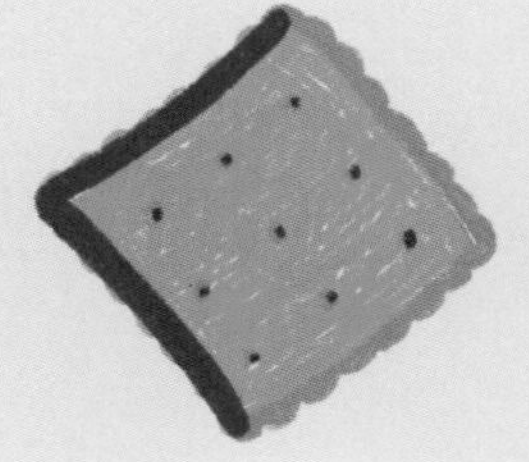

쿠 [ku]
쿠키

け

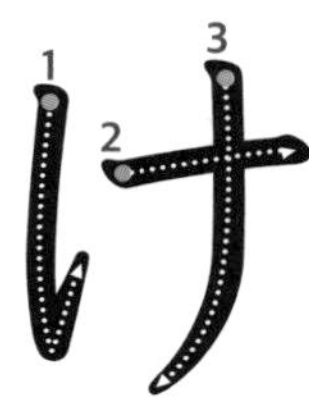

케 [ke]
케이크

こ

1
2
こ

코 [ko]
코코넛

TRACK 014

✱ 이미지로 연상하기  이미지를 떠올리며 한 글자씩 따라 써 보세요.

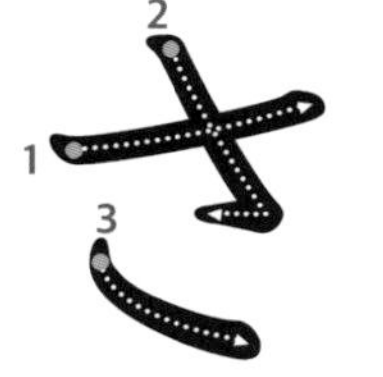

사 [sa]
사슴

시 [shi]
낚시

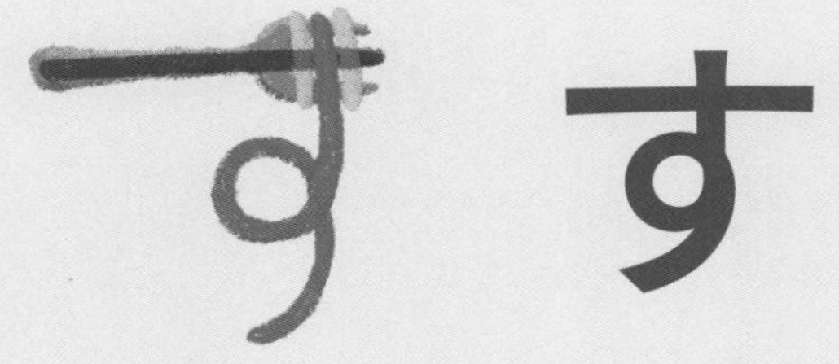

스 [su]
스파게티

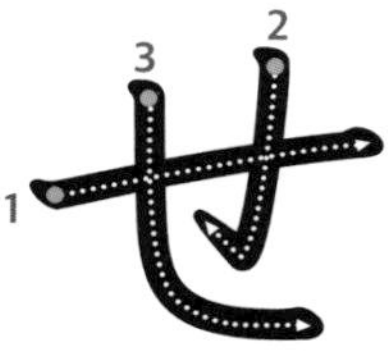

세 [se]
세탁

소 [so]
소

• そ라고도 써요.

TRACK 015

さ [sa]	さ	さ									
し [shi]	し	し									
す [su]	す	す									
せ [se]	せ	せ									
そ [so]	そ	そ									

✱ 이미지로 연상하기  이미지를 떠올리며 한 글자씩 따라 써 보세요.

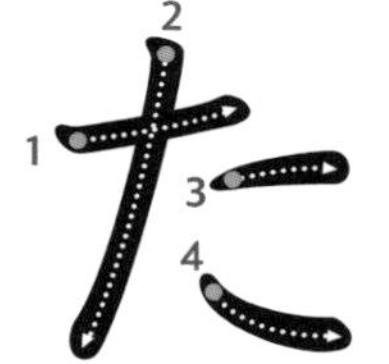

타 [ta]
타악기

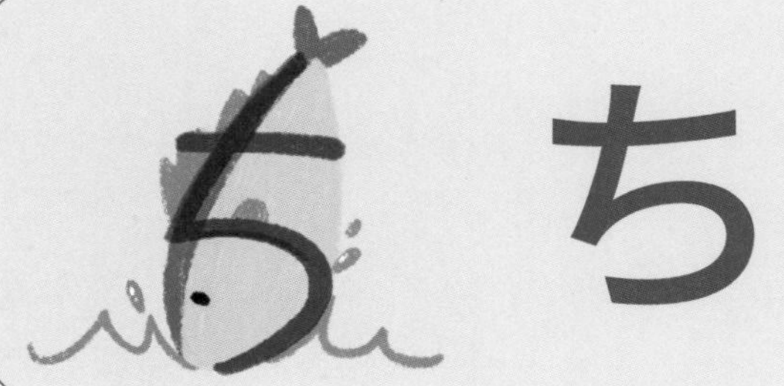

치 [chi]
참치

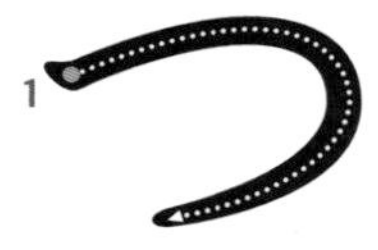

츠 [tsu]
티셔츠

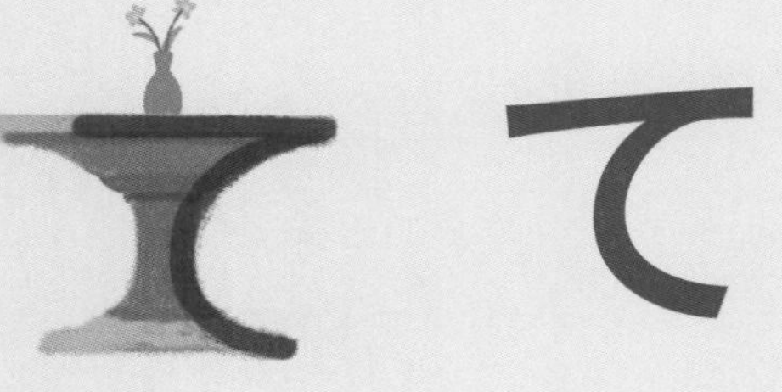

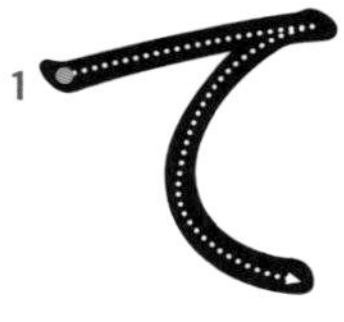

테 [te]
테이블

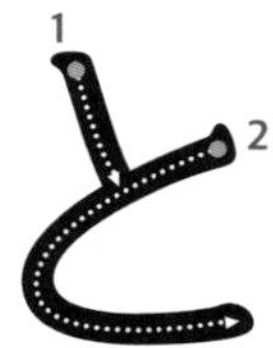

토 [to]
토끼

TRACK 016

✱ 이미지로 연상하기 

이미지를 떠올리며 한 글자씩 따라 써 보세요.

な

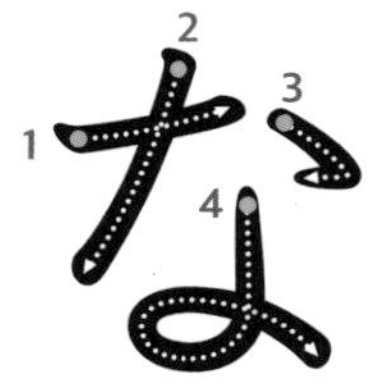

나 [na]
나무

に

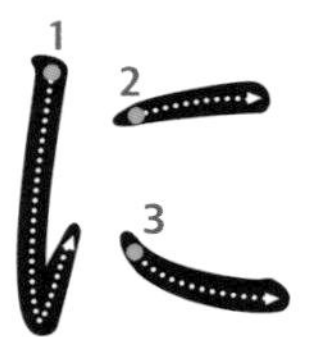

니 [ni]
어금니

ぬ

누 [nu]
누들

ね

네 [ne]
검은 고양이
네로

の

노 [no]
노(NO!)

TRACK 017

✱ 이미지로 연상하기

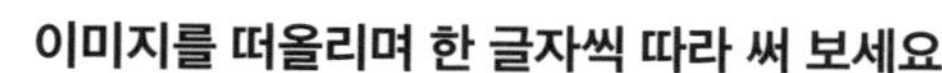
이미지를 떠올리며 한 글자씩 따라 써 보세요.

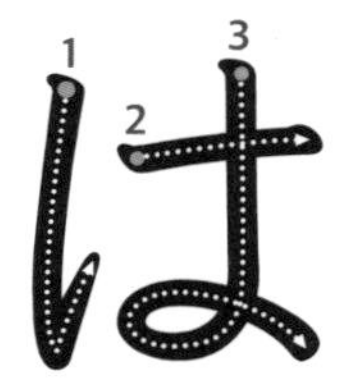

하 [ha]
하마

히 [hi]
히죽

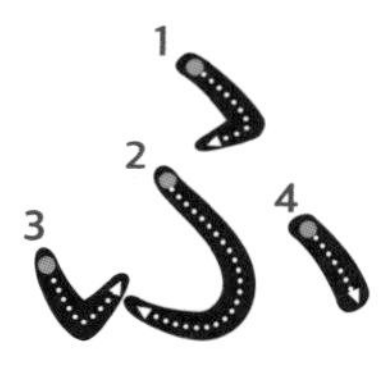

후 [fu]
후다닥

헤 [he]
헤엄

호 [ho]
호랑이

TRACK 018

✱ 이미지로 연상하기 

이미지를 떠올리며 한 글자씩 따라 써 보세요.

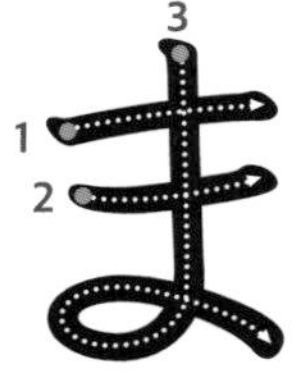

마 [ma]
고구마

미 [mi]
미끄덩

む

무 [mu]
시무룩

め

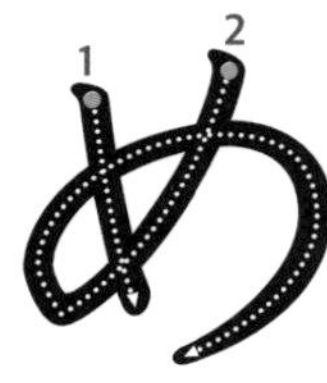

메 [me]
메기

も

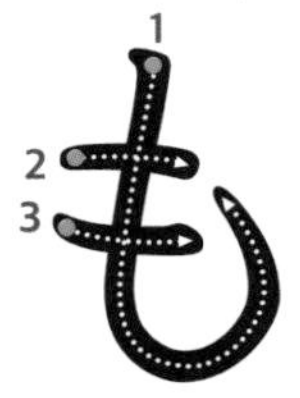

모 [mo]
고깔 모자

TRACK 019

ま [ma]	ま	ま								
み [mi]	み	み								
む [mu]	む	む								
め [me]	め	め								
も [mo]	も	も								

✱ 이미지로 연상하기  이미지를 떠올리며 한 글자씩 따라 써 보세요.

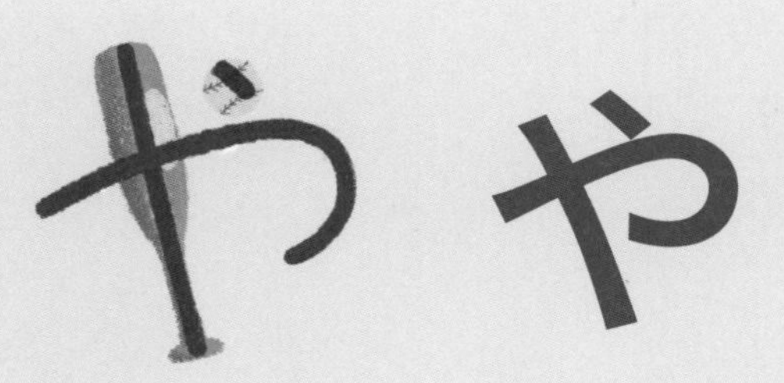

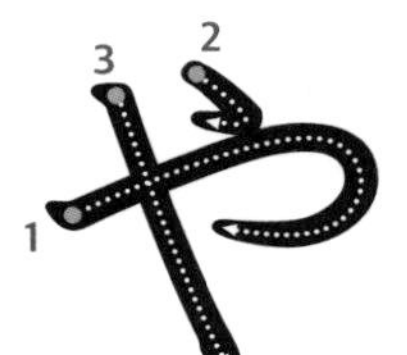

야 [ya]
야구

유 [yu]
우유

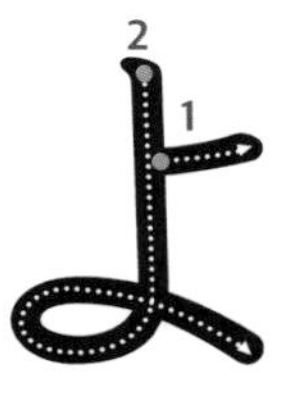

요 [yo]
요가

TRACK 020

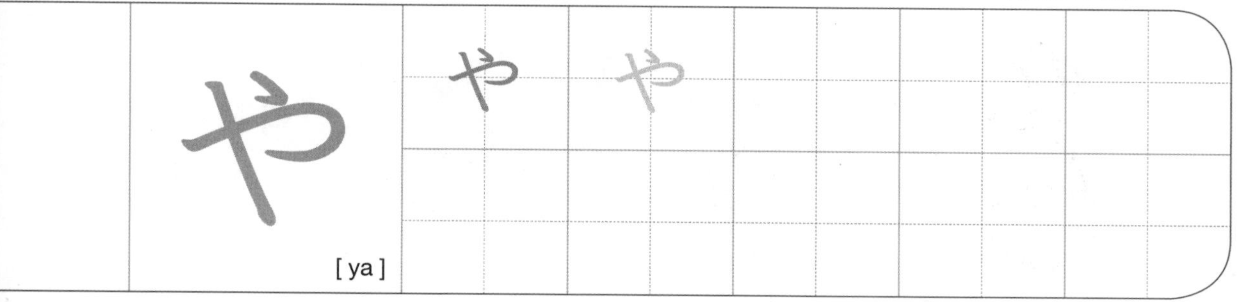

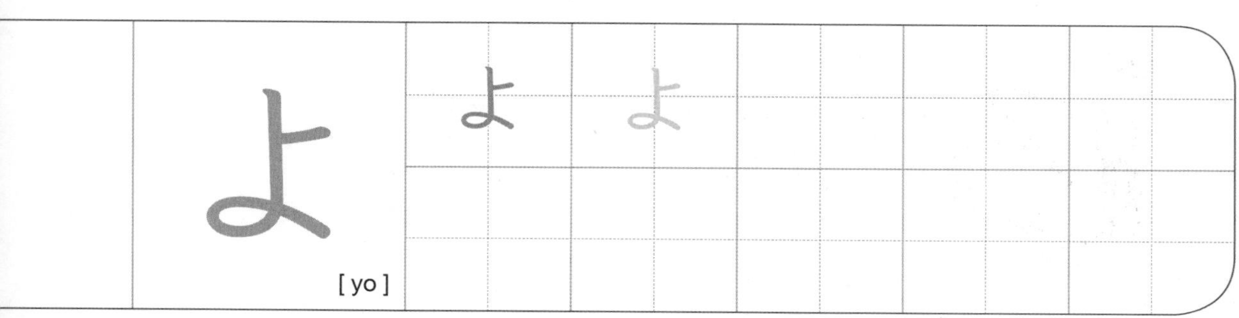

✱ 이미지로 연상하기  ら행

이미지를 떠올리며 한 글자씩 따라 써 보세요.

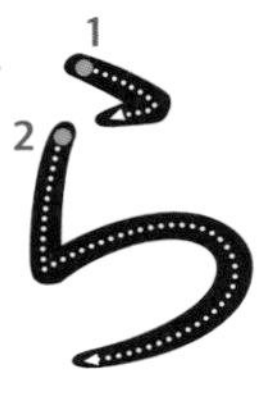

라 [ra]
이겨라~!

り り

리 [ri]
리본

る

루 [ru]
루돌프

れ

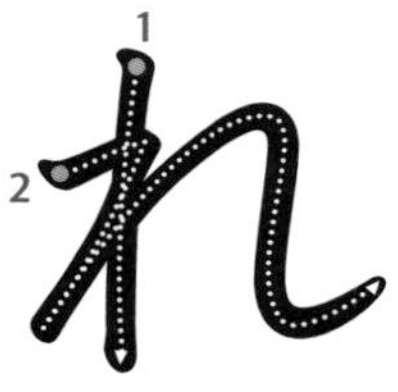

레 [re]
레슬링

ろ

로 [ro]
로프

TRACK 021

ら [ra]	ら	ら
り [ri]	り	り
る [ru]	る	る
れ [re]	れ	れ
ろ [ro]	ろ	ろ

✱ 이미지로 연상하기 ·ん 이미지를 떠올리며 한 글자씩 따라 써 보세요.

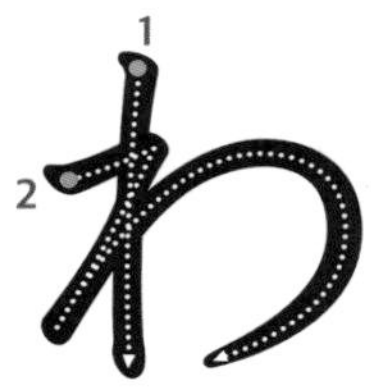

와 [wa]
치와와

を

오 [o]
오르다

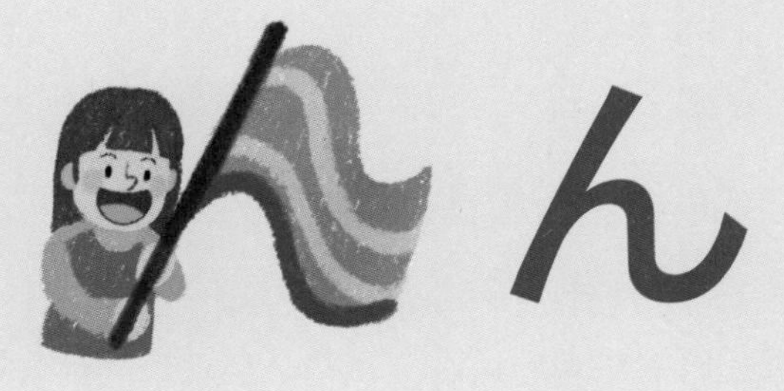

응 [n]
응원

TRACK 022

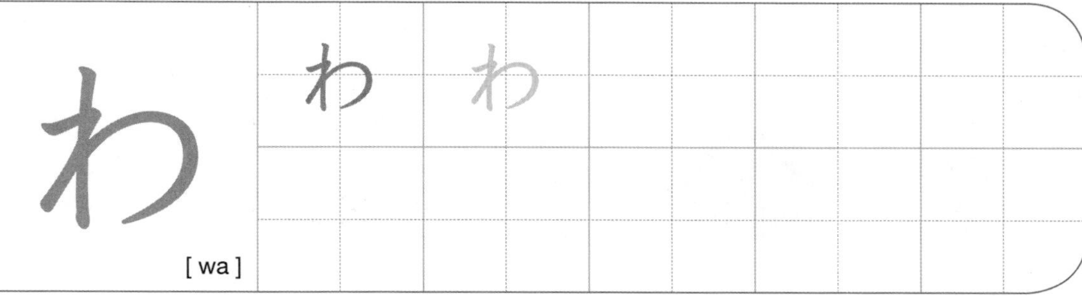

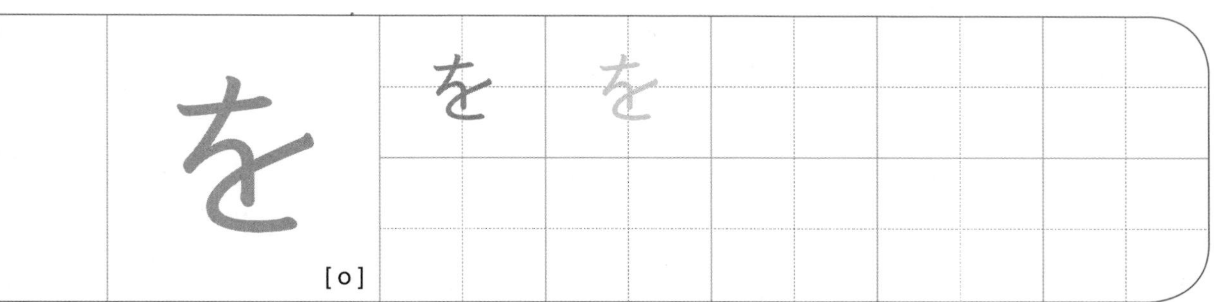

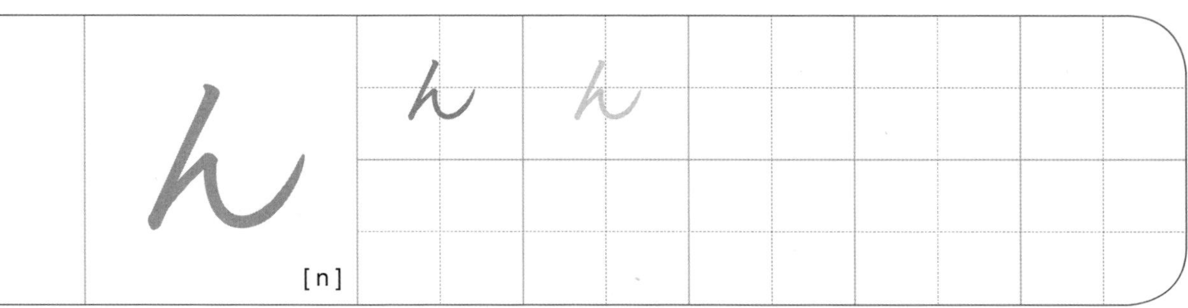

✱ 단어로 익히기 악센트에 주의하며 따라 읽어 본 후 빈칸에 써 보세요.

あ행

TRACK 023

あい	いえ	うえ	え	あお
[아이] 사랑	[이에] 집	[우에] 위	[에] 그림	[아오] 파랑
あい	いえ	うえ	え	あお
あい	いえ	うえ	え	あお

か행

TRACK 024

かお	かき	きく	いけ	こえ
[카오] 얼굴	[카키] 감	[키쿠] 듣다	[이케] 연못	[코에] 목소리
かお	かき	きく	いけ	こえ
かお	かき	きく	いけ	こえ

かさ	うし	すいか	あせ	そこ
[카사] 우산	[우시] 소	[스이카] 수박	[아세] 땀	[소코] 거기
かさ	うし	すいか	あせ	そこ
かさ	うし	すいか	あせ	そこ

た 행

TRACK 026

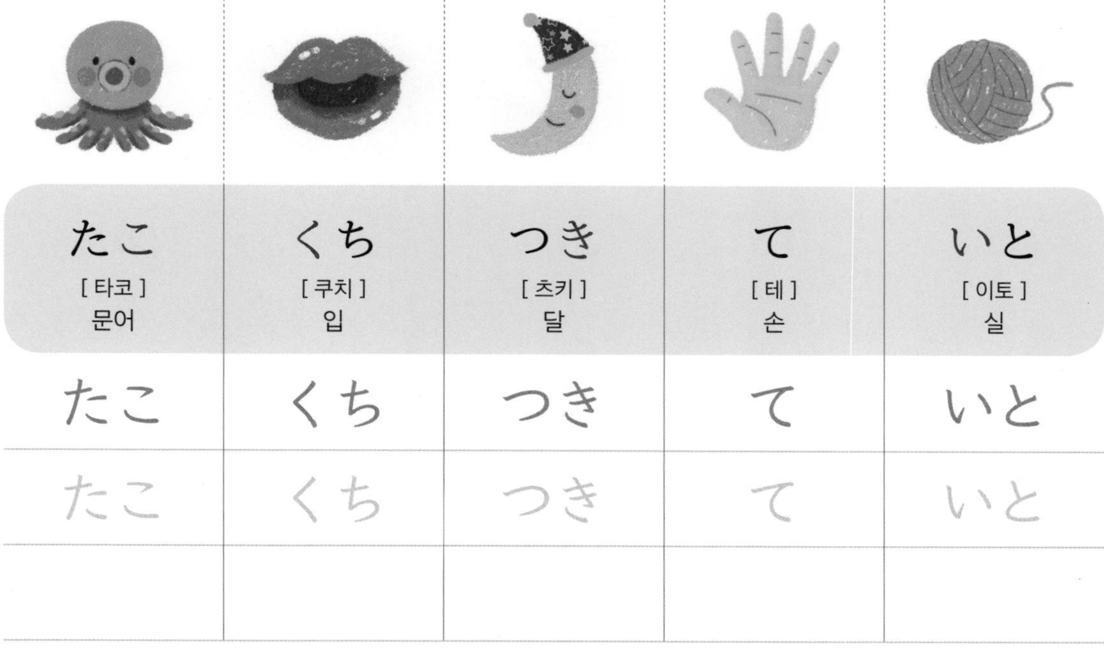

たこ	くち	つき	て	いと
[타코] 문어	[쿠치] 입	[츠키] 달	[테] 손	[이토] 실
たこ	くち	つき	て	いと
たこ	くち	つき	て	いと

✱ 단어로 익히기 악센트에 주의하며 따라 읽어 본 후 빈칸에 써 보세요.

な행

TRACK 027

なす	にく	いぬ	ねこ	きのこ
なす [나스] 가지	にく [니쿠] 고기	いぬ [이누] 개	ねこ [네코] 고양이	きのこ [키노코] 버섯
なす	にく	いぬ	ねこ	きのこ
なす	にく	いぬ	ねこ	きのこ

は행

TRACK 028

はな	ひ	ふね	へそ	ほし
はな [하나] 꽃	ひ [히] 불	ふね [후네] 배	へそ [헤소] 배꼽	ほし [호시] 별
はな	ひ	ふね	へそ	ほし
はな	ひ	ふね	へそ	ほし

ま 행

TRACK 029

まめ	みち	むし	あめ	もも
[마메]	[미치]	[무시]	[아메]	[모모]
콩	길	벌레	사탕	복숭아
まめ	みち	むし	あめ	もも
まめ	みち	むし	あめ	もも

や 행

TRACK 030

やま	ゆき	ひよこ
[야마]	[유키]	[히요코]
산	눈	병아리
やま	ゆき	ひよこ
やま	ゆき	ひよこ

✱ 단어로 익히기 악센트에 주의하며 따라 읽어 본 후 빈칸에 써 보세요.

ら행

TRACK 031

とら	りす	さる	はれ	いろ
[토라]	[리스]	[사루]	[하레]	[이로]
호랑이	다람쥐	원숭이	맑음	색
とら	りす	さる	はれ	いろ
とら	りす	さる	はれ	いろ

わ행・ん

TRACK 032

わに	えを かく	ほん
[와니]	[에오 카쿠]•	[호ㅇ]•
악어	그림을 그리다	책
わに	えを かく	ほん
わに	えを かく	ほん

• 「～を ~을/를」는 조사예요.

• 「ん」도 한 음절(박자)로 발음해요.

✱ 닮은꼴 글자 모양이 비슷하여 혼동하기 쉬운 글자들을 써 보세요.

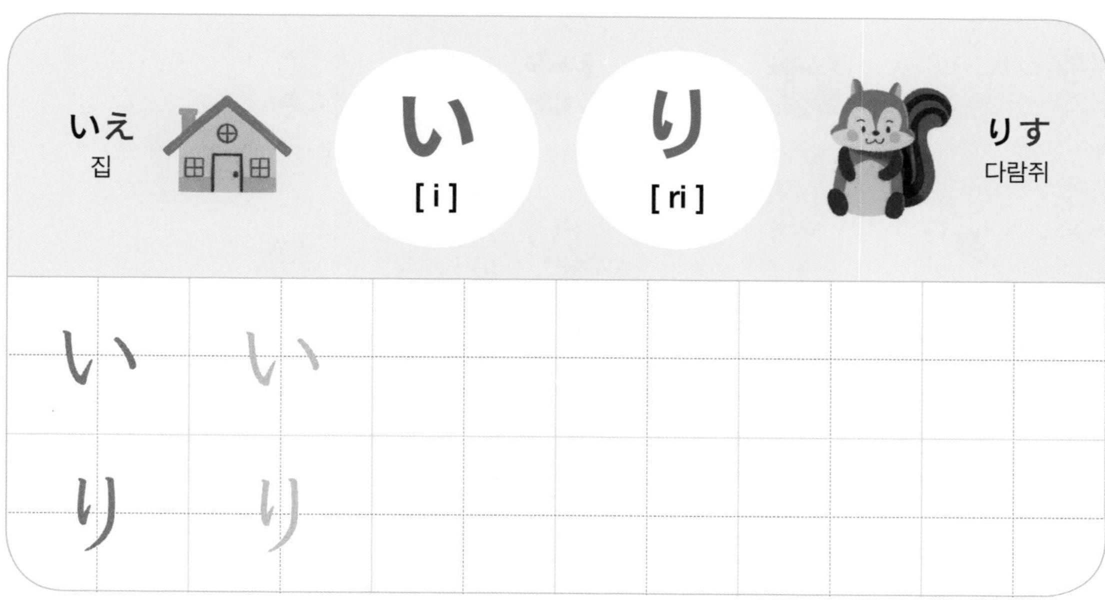

✳ 닮은꼴 글자 모양이 비슷하여 혼동하기 쉬운 글자들을 써 보세요.

かき
감

き [ki]

さ [sa]

かさ
우산

き き

さ さ

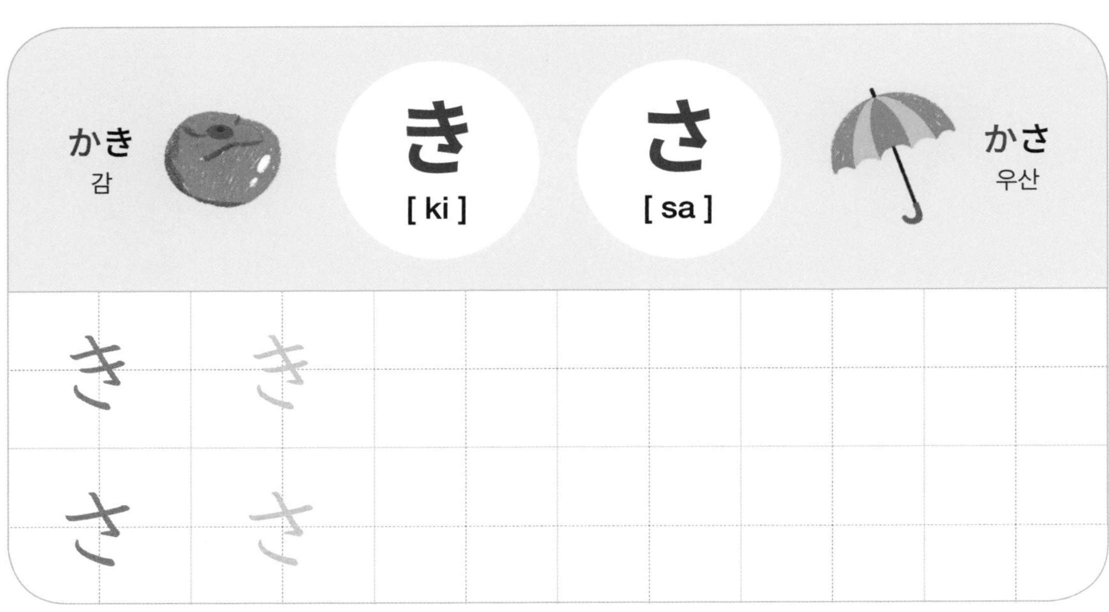

け [ke]

は [ha]

ほ [ho]

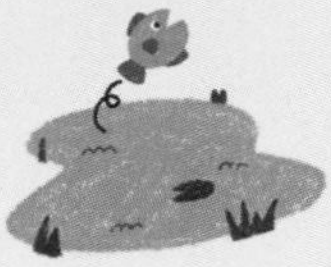

いけ
연못

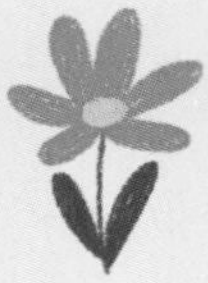

はな
꽃

ほし
별

け け

は は

ほ ほ

うし
소
し
[shi]
つ
[tsu]
つき
달
し し
つ つ

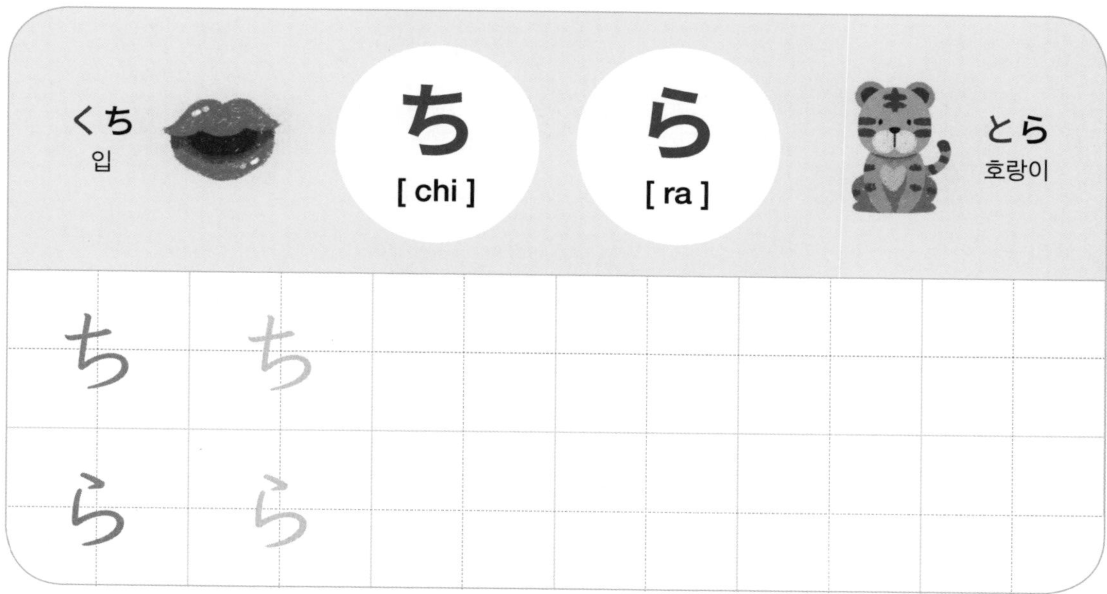
くち
입
ち
[chi]
ら
[ra]
とら
호랑이
ち ち
ら ら

✱ 닮은꼴 글자 모양이 비슷하여 혼동하기 쉬운 글자들을 써 보세요.

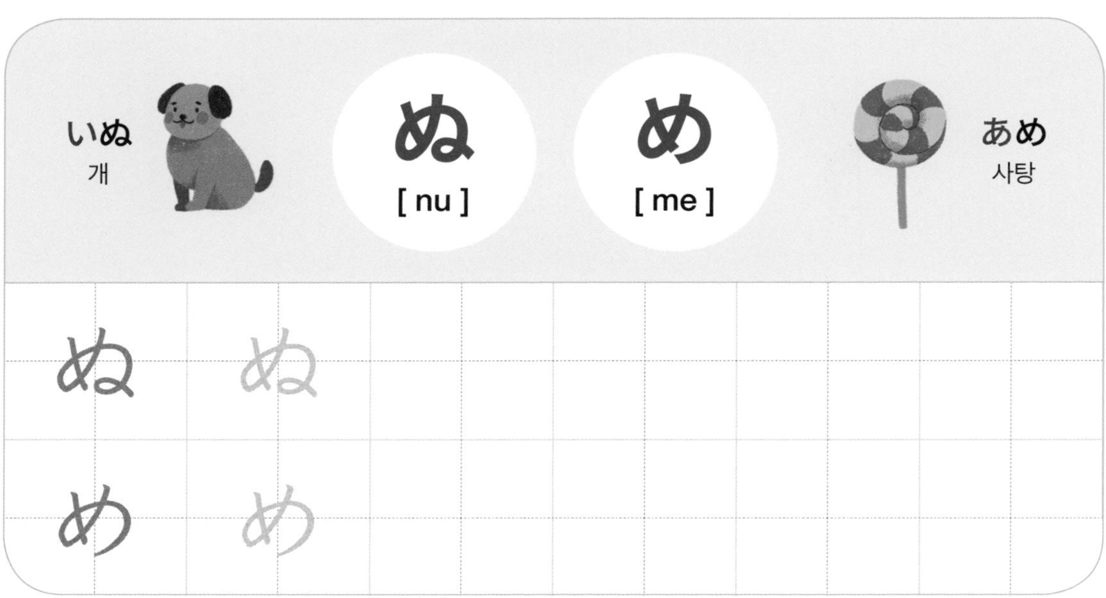

さる
원숭이

る
[ru]

ろ
[ro]

いろ
색

る る

ろ ろ

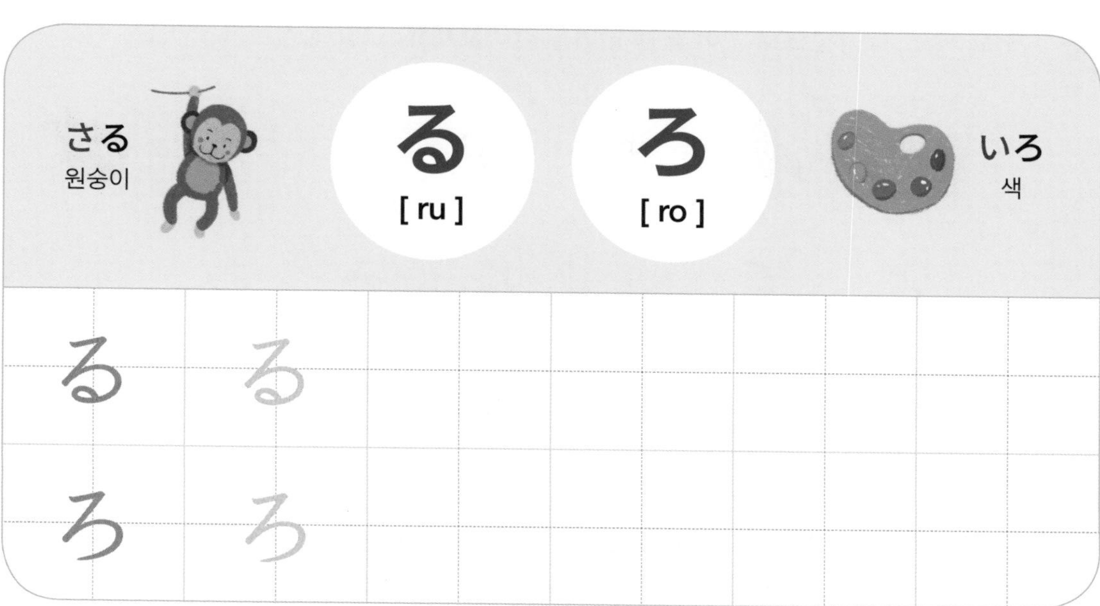

ね
[ne]

れ
[re]

わ
[wa]

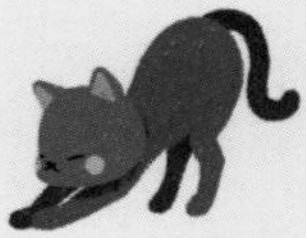

ねこ
고양이

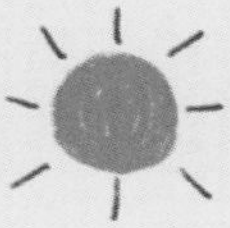

はれ
맑음

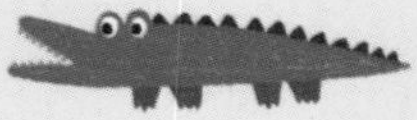

わに
악어

ね ね

れ れ

わ わ

✱ 확인 문제

1 가로, 세로, 대각선으로 숨어 있는 단어를 찾아보세요. 그림에 힌트가 있어요.

う		ま	め	さ	ゆ	
よ	て	し	ね	み	わ	む
た	り	く		あ	ぬ	し
に	ふ		も	い	つ	せ
え	れ	ね	ん	き	む	え
ゆ	き	と	ち	る	や	
	な	ろ	の	か	を	ま

2 그림을 보고 올바른 표기에 ○표 하세요.

(1) あめ ☐ おめ ☐

(2) いめ ☐ いぬ ☐

(3) くら ☐ くち ☐

(4) はね ☐ はれ ☐

3 끝말잇기 문제입니다. 한국어의 단어 뜻을 참고하여 빈칸을 채워 보세요.

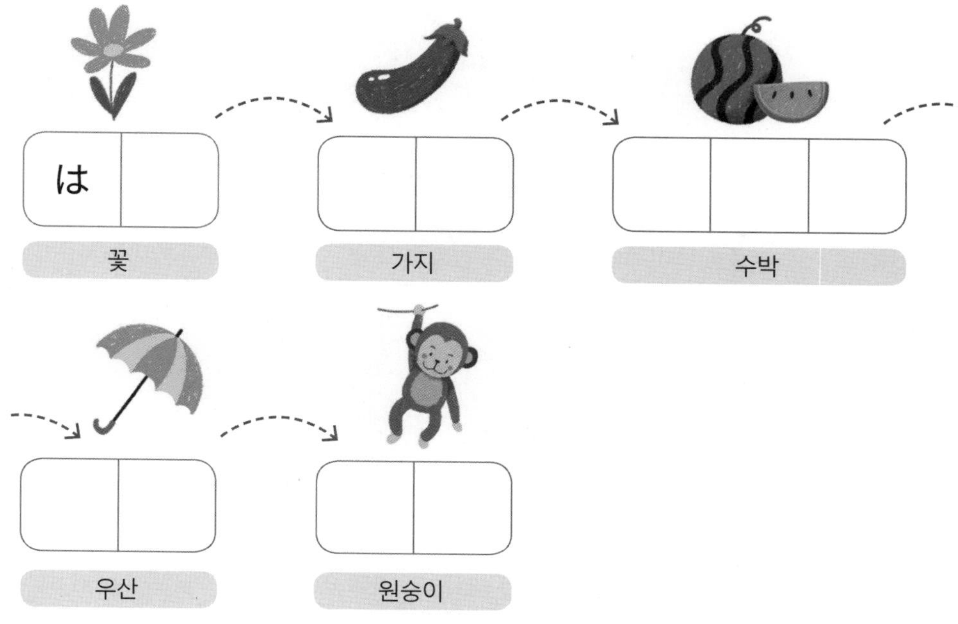

4 あ~ん까지 이으면 그림이 나타납니다. 어떤 그림일까요?

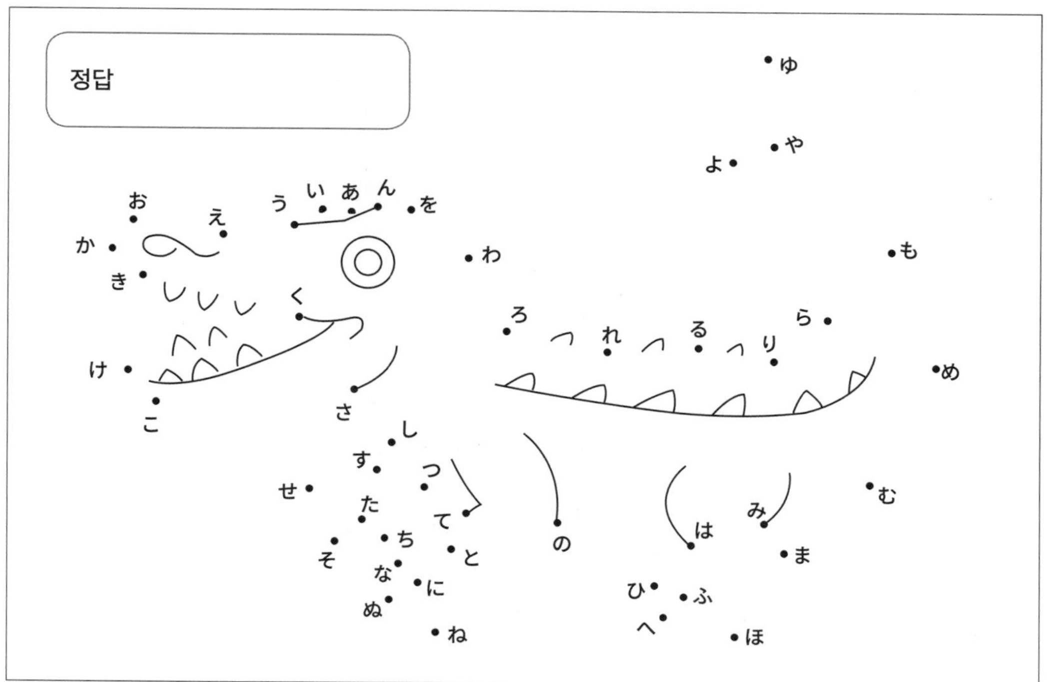

탁음 박탁음

탁음은 글자의 오른쪽 위에 탁점(゛)이 붙은 글자이며,
「か・さ・た・は」행에서만 나타납니다.
반탁음은 글자의 오른쪽 위에 반탁점(°)이 붙은 글자이며,
「は」행에서만 나타납니다.

TRACK 033

탁음

	あ단	い단	う단	え단	お단
が행	が 가 [ga]	ぎ 기 [gi]	ぐ 구 [gu]	げ 게 [ge]	ご 고 [go]
ざ행	ざ 자 [za]	じ 지 [ji]	ず 즈 [zu]	ぜ 제 [ze]	ぞ 조 [zo]
だ행	だ 다 [da]	ぢ 지 [ji]	づ 즈 [zu]	で 데 [de]	ど 도 [do]
ば행	ば 바 [ba]	び 비 [bi]	ぶ 부 [bu]	べ 베 [be]	ぼ 보 [bo]

TRACK 034

반탁음

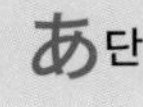

	あ단	い단	う단	え단	お단
ぱ행	ぱ 파 [pa]	ぴ 피 [pi]	ぷ 푸 [pu]	ぺ 페 [pe]	ぽ 포 [po]

✱ 쓰기 · 단어로 익히기

が행

TRACK 035

[가·기·구·게·고]라고 발음하며 영어의 [g] 발음과 비슷합니다.

が	ぎ	ぐ	げ	ご
가 [ga]	기 [gi]	구 [gu]	게 [ge]	고 [go]
が が	ぎ ぎ	ぐ ぐ	げ げ	ご ご
が が	ぎ ぎ	ぐ ぐ	げ げ	ご ご

かがみ	うさぎ	かぐ	ひげ	いちご
[카가미] 거울	[우사기] 토끼	[카구] 가구	[히게] 수염	[이치고] 딸기
かがみ	うさぎ	かぐ	ひげ	いちご
かがみ	うさぎ	かぐ	ひげ	いちご

ざ행

TRACK 036

[자·지·즈·제·조]라고 발음하며 영어의 [z] 발음과 비슷합니다.
「ず」는 [주]가 아니라 [즈]라고 발음한다는 점에 주의하세요.

ざ	じ	ず	ぜ	ぞ
자 [za]	지 [ji]	즈 [zu]	제 [ze]	조 [zo]
ざ ざ	じ じ	ず ず	ぜ ぜ	ぞ ぞ
ざ ざ	じ じ	ず ず	ぜ ぜ	ぞ ぞ

ひざ	ひつじ	ちず	かぜ	かぞく
[히자]	[히츠지]	[치즈]	[카제]	[카조쿠]
무릎	양	지도	바람	가족
ひざ	ひつじ	ちず	かぜ	かぞく
ひざ	ひつじ	ちず	かぜ	かぞく

だ행

TRACK 037

[다·지·즈·데·도]라고 발음합니다. 「だ·で·ど」는 영어의 [d] 발음과 비슷하며 「ぢ·づ」는 「じ·ず」와 동일하게 발음합니다.

だ	ぢ	づ	で	ど
다 [da]	지 [ji]	즈 [zu]	데 [de]	도 [do]
だ だ	ぢ ぢ	づ づ	で で	ど ど
だ だ	ぢ ぢ	づ づ	で で	ど ど

はだ	はなぢ	ひづけ	うで	まど
[하다]	[하나지]	[히즈케]	[우데]	[마도]
피부, 살	코피	날짜	팔	창, 창문
はだ	はなぢ	ひづけ	うで	まど
はだ	はなぢ	ひづけ	うで	まど

ば행

TRACK 038

[바·비·부·베·보]라고 발음하며 영어의 [b] 발음과 비슷합니다.

ば	び	ぶ	べ	ぼ
바 [ba]	비 [bi]	부 [bu]	베 [be]	보 [bo]
ば ば	び び	ぶ ぶ	べ べ	ぼ ぼ
ば ば	び び	ぶ ぶ	べ べ	ぼ ぼ

かば	えび	ぶた	なべ	うめぼし
[카바] 하마	[에비] 새우	[부타] 돼지	[나베] 냄비	[우메보시] 매실 장아찌
かば	えび	ぶた	なべ	うめぼし
かば	えび	ぶた	なべ	うめぼし

TRACK 039

[파·피·푸·페·포]와 [빠·삐·뿌·뻬·뽀]의 중간 정도의 발음이며 영어의 [p] 발음과 비슷합니다.

ぱ	ぴ	ぷ	ぺ	ぽ
파 [pa]	피 [pi]	푸 [pu]	페 [pe]	포 [po]
ぱ ぱ	ぴ ぴ	ぷ ぷ	ぺ ぺ	ぽ ぽ
ぱ ぱ	ぴ ぴ	ぷ ぷ	ぺ ぺ	ぽ ぽ

でんぱ	えんぴつ	てんぷら	かんぺき	たんぽぽ
[데ㅁ파] 전파	[에ㅁ피츠] 연필	[테ㅁ푸라] 튀김	[카ㅁ페키] 완벽	[타ㅁ포포] 민들레
でんぱ	えんぴつ	てんぷら	かんぺき	たんぽぽ
でんぱ	えんぴつ	てんぷら	かんぺき	たんぽぽ

1 단어에 들어가는 탁음에 ○표 하세요.

2 ★표에 들어가는 음으로 바른 것을 고르세요.

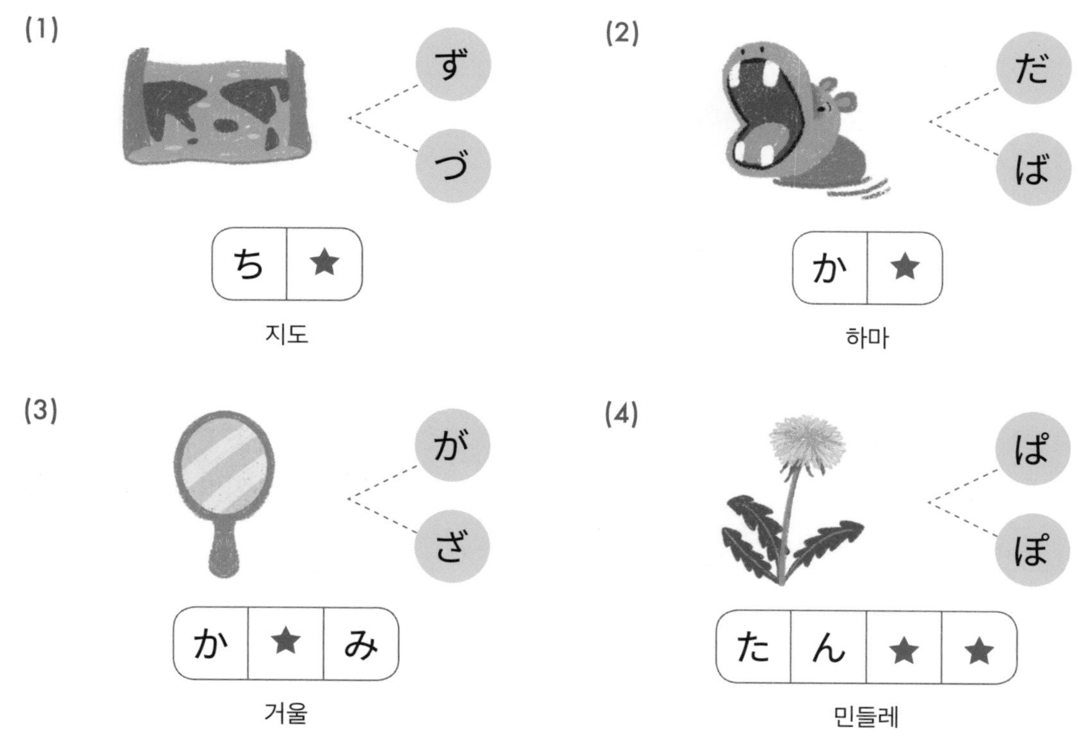

3 음성을 잘 듣고 일치하는 단어를 고르세요. TRACK 040

4 빈칸에 들어갈 글자가 속해 있는 행을 이어 보세요.

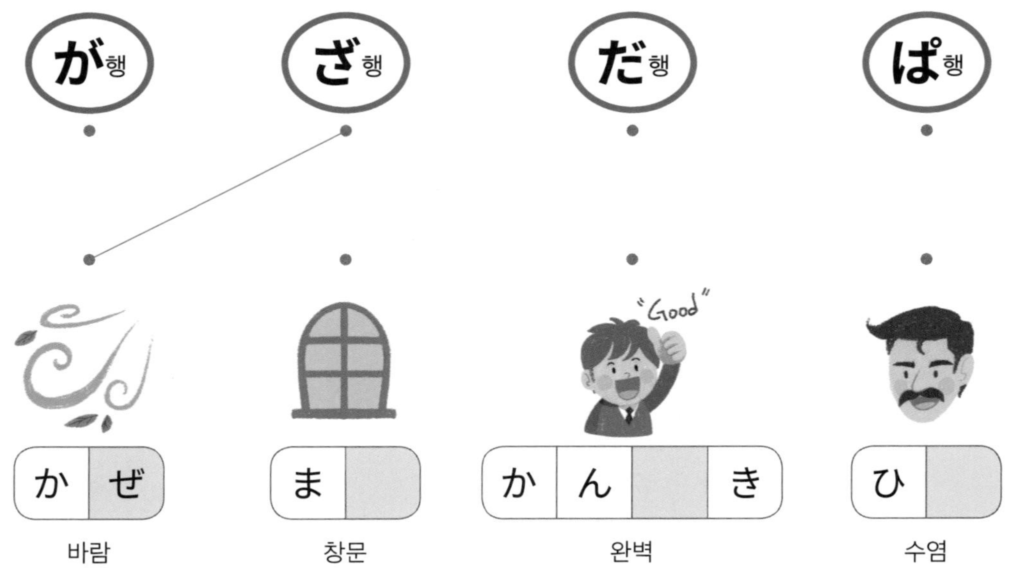

5 발음 표시를 보고 히라가나 탁음 · 반탁음을 모두 써 보세요.

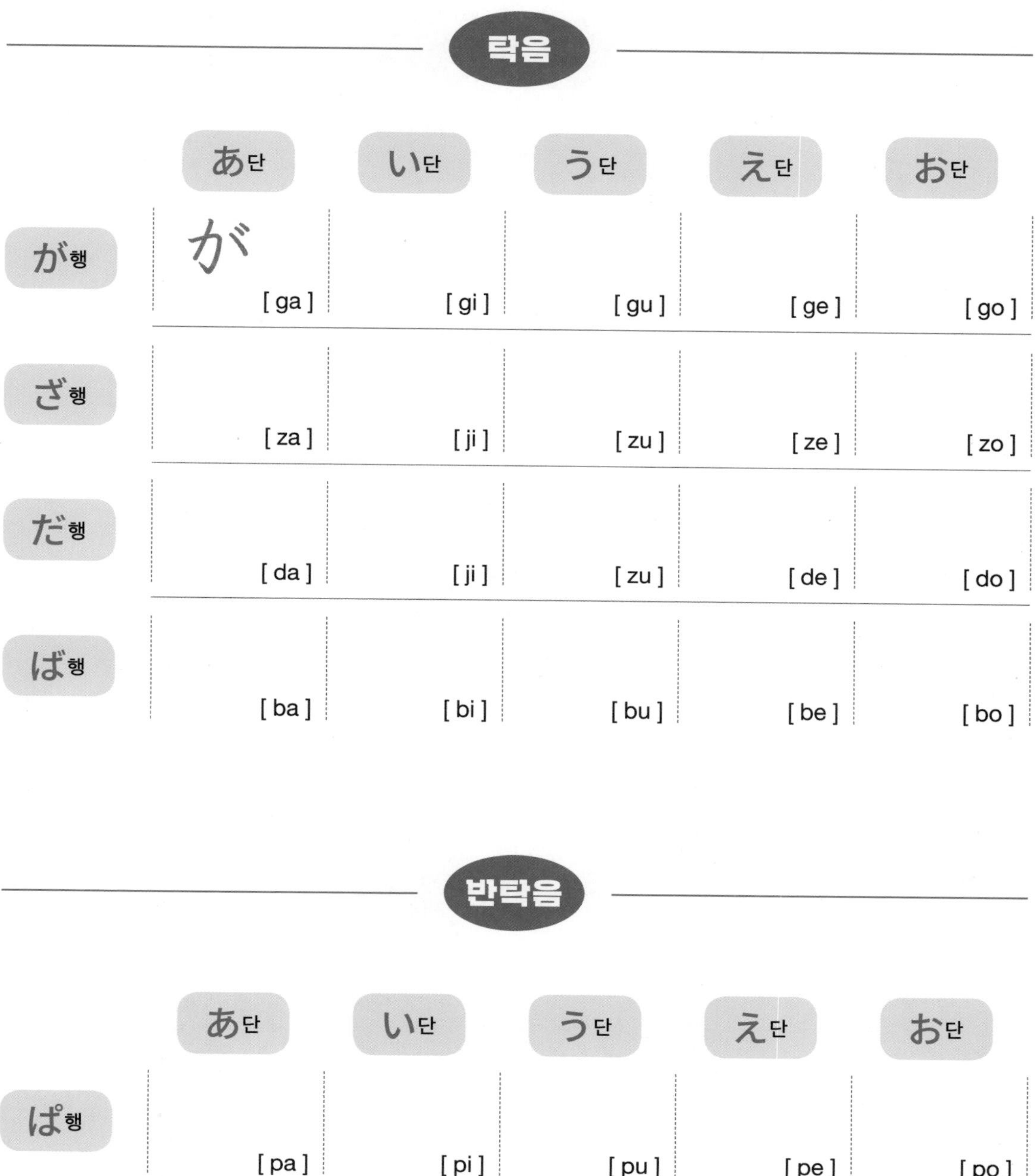

탁음

	あ단	い단	う단	え단	お단
が행	が [ga]	[gi]	[gu]	[ge]	[go]
ざ행	[za]	[ji]	[zu]	[ze]	[zo]
だ행	[da]	[ji]	[zu]	[de]	[do]
ば행	[ba]	[bi]	[bu]	[be]	[bo]

반탁음

	あ단	い단	う단	え단	お단
ぱ행	[pa]	[pi]	[pu]	[pe]	[po]

음성 듣기

HIRAGANA
3

요음

い단에서「い」를 제외한「き・ぎ・し・じ・ち・に・ひ・び・ぴ・み・り」
뒤에「や・ゆ・よ」를 작게 써서 한 글자처럼 발음합니다.

きゃ 캬 [kya]	きゅ 큐 [kyu]	きょ 쿄 [kyo]
ぎゃ 갸 [gya]	ぎゅ 규 [gyu]	ぎょ 교 [gyo]
しゃ 샤 [sha]	しゅ 슈 [shu]	しょ 쇼 [sho]
じゃ 쟈 [ja]	じゅ 쥬 [ju]	じょ 죠 [jo]
ちゃ 챠 [cha]	ちゅ 츄 [chu]	ちょ 쵸 [cho]
にゃ 냐 [nya]	にゅ 뉴 [nyu]	にょ 뇨 [nyo]
ひゃ 햐 [hya]	ひゅ 휴 [hyu]	ひょ 효 [hyo]
びゃ 뱌 [bya]	びゅ 뷰 [byu]	びょ 뵤 [byo]
ぴゃ 퍄 [pya]	ぴゅ 퓨 [pyu]	ぴょ 표 [pyo]
みゃ 먀 [mya]	みゅ 뮤 [myu]	みょ 묘 [myo]
りゃ 랴 [rya]	りゅ 류 [ryu]	りょ 료 [ryo]

TRACK 042

[캬·큐·쿄]라고 발음합니다.

きゃ 캬 [kya]		きゅ 큐 [kyu]		きょ 쿄 [kyo]	
きゃ	きゃ	きゅ	きゅ	きょ	きょ
きゃ	きゃ	きゅ	きゅ	きょ	きょ

きゃく [캬쿠] 객, 손님	きゅうり [큐-리]• 오이	きょり [쿄리] 거리
きゃく	きゅうり	きょり
きゃく	きゅうり	きょり

• 요음 뒤에 모음(う)이 올 경우 길게 발음해요.(88p 참고)

ぎゃ행

TRACK 043

[갸·규·교]라고 발음합니다.

ぎゃ 갸 [gya]		ぎゅ 규 [gyu]		ぎょ 교 [gyo]	
ぎゃ	ぎゃ	ぎゅ	ぎゅ	ぎょ	ぎょ
ぎゃ	ぎゃ	ぎゅ	ぎゅ	ぎょ	ぎょ

ぎゃく [갸쿠] 반대 방향, 거꾸로임	ぎゅうにく [규-니쿠] 소고기	きんぎょ [키ㅇ교] 금붕어
ぎゃく	ぎゅうにく	きんぎょ
ぎゃく	ぎゅうにく	きんぎょ

しゃ행

TRACK 044

[샤·슈·쇼]라고 발음합니다.

しゃ		しゅ		しょ	
샤 [sha]		슈 [shu]		쇼 [sho]	
しゃ	しゃ	しゅ	しゅ	しょ	しょ
しゃ	しゃ	しゅ	しゅ	しょ	しょ

かいしゃ [카이샤] 회사	しゅみ [슈미] 취미	どくしょ [도ㄱ쇼]• 독서
かいしゃ	しゅみ	どくしょ
かいしゃ	しゅみ	どくしょ

• く 뒤에 さ행이 오면 ㄱ받침처럼 발음해요.

TRACK 045

[쟈·쥬·죠]라고 발음합니다.

じゃ 쟈 [ja]		じゅ 쥬 [ju]		じょ 죠 [jo]	
じゃ	じゃ	じゅ	じゅ	じょ	じょ
じゃ	じゃ	じゅ	じゅ	じょ	じょ

じゃま [쟈마] 방해, 훼방	じゅぎょう [쥬교-] 수업	じょし [죠시] 여자
じゃま	じゅぎょう	じょし
じゃま	じゅぎょう	じょし

TRACK 046

[챠·츄·쵸]라고 발음합니다.

ちゃ 챠 [cha]		ちゅ 츄 [chu]		ちょ 쵸 [cho]	
ちゃ	ちゃ	ちゅ	ちゅ	ちょ	ちょ
ちゃ	ちゃ	ちゅ	ちゅ	ちょ	ちょ

おちゃ [오챠] 차	ちゅうしゃ [츄-샤] 주차	ちょきん [쵸키ㅇ] 저금
おちゃ	ちゅうしゃ	ちょきん
おちゃ	ちゅうしゃ	ちょきん

TRACK 047

[냐·뉴·뇨]라고 발음합니다.

にゃ		にゅ		にょ	
냐 [nya]		뉴 [nyu]		뇨 [nyo]	
にゃ	にゃ	にゅ	にゅ	にょ	にょ
にゃ	にゃ	にゅ	にゅ	にょ	にょ

こんにゃく	ぎゅうにゅう	てんにょ
[코ㄴ냐쿠]	[규-뉴-]	[테ㄴ뇨]
곤약	우유	선녀
こんにゃく	ぎゅうにゅう	てんにょ
こんにゃく	ぎゅうにゅう	てんにょ

TRACK 048

[햐·휴·효]라고 발음합니다.

ひゃ	ひゅ	ひょ
햐 [hya]	휴 [hyu]	효 [hyo]

ひゃ	ひゃ	ひゅ	ひゅ	ひょ	ひょ
ひゃ	ひゃ	ひゅ	ひゅ	ひょ	ひょ

ひゃく	ひゅう	ひょうし
[햐쿠] 백, 100	[휴-]• 쏴, 쌩(바람 소리)	[효-시] 표지
ひゃく	ひゅう	ひょうし
ひゃく	ひゅう	ひょうし

• 의성어, 의태어는 가타카나로도 표기해요.

びゃ행

TRACK 049

[뱌·뷰·뵤]라고 발음합니다.

びゃ		びゅ		びょ	
뱌 [bya]		뷰 [byu]		뵤 [byo]	
びゃ	びゃ	びゅ	びゅ	びょ	びょ
びゃ	びゃ	びゅ	びゅ	びょ	びょ

さんびゃく	びゅうびゅう	びょうき
[사ㅁ뱌쿠]	[뷰-뷰-]	[뵤-키]
삼백, 300	왱왱, 휙휙(바람 소리)	병, 질병
さんびゃく	びゅうびゅう	びょうき
さんびゃく	びゅうびゅう	びょうき

ぴゃ행

TRACK 050

[퍄·퓨·표]라고 발음합니다.

ぴゃ 퍄 [pya]		ぴゅ 퓨 [pyu]		ぴょ 표 [pyo]	
ぴゃ	ぴゃ	ぴゅ	ぴゅ	ぴょ	ぴょ
ぴゃ	ぴゃ	ぴゅ	ぴゅ	ぴょ	ぴょ

ろっぴゃく [로ㅂ퍄쿠] 육백, 600	ぴゅうぴゅう [퓨-퓨-] 씽씽, 쌩쌩(바람 소리)	はっぴょう [하ㅂ표-] 발표
ろっぴゃく	ぴゅうぴゅう	はっぴょう
ろっぴゃく	ぴゅうぴゅう	はっぴょう

TRACK 051

[먀·뮤·묘]라고 발음합니다.

みゃ 먀 [mya]		みゅ 뮤 [myu]		みょ 묘 [myo]	
みゃ	みゃ	みゅ	みゅ	みょ	みょ
みゃ	みゃ	みゅ	みゅ	みょ	みょ

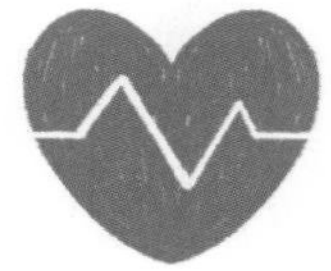

みゃく
[먀쿠]
맥, 맥박

みゃく
みゃく

＊ 히라가나 「みゅ」가 들어간 단어는 거의 없습니다.

みょうじ
[묘-지]
성씨, 성

みょうじ
みょうじ

りゃ행

[랴·류·료]라고 발음합니다.

りゃ 랴 [rya]		りゅ 류 [ryu]		りょ 료 [ryo]	
りゃ	りゃ	りゅ	りゅ	りょ	りょ
りゃ	りゃ	りゅ	りゅ	りょ	りょ

りゃくご [랴쿠고] 약어, 줄임말	りゅうせい [류-세-] 유성, 별똥별	りょうり [료-리] 요리
りゃくご	りゅうせい	りょうり
りゃくご	りゅうせい	りょうり

✱ 확인 문제

1 단어에 들어가는 요음을 골라 ○표 하세요.

2 ★표에 들어가는 글자로 바른 것을 고르세요.

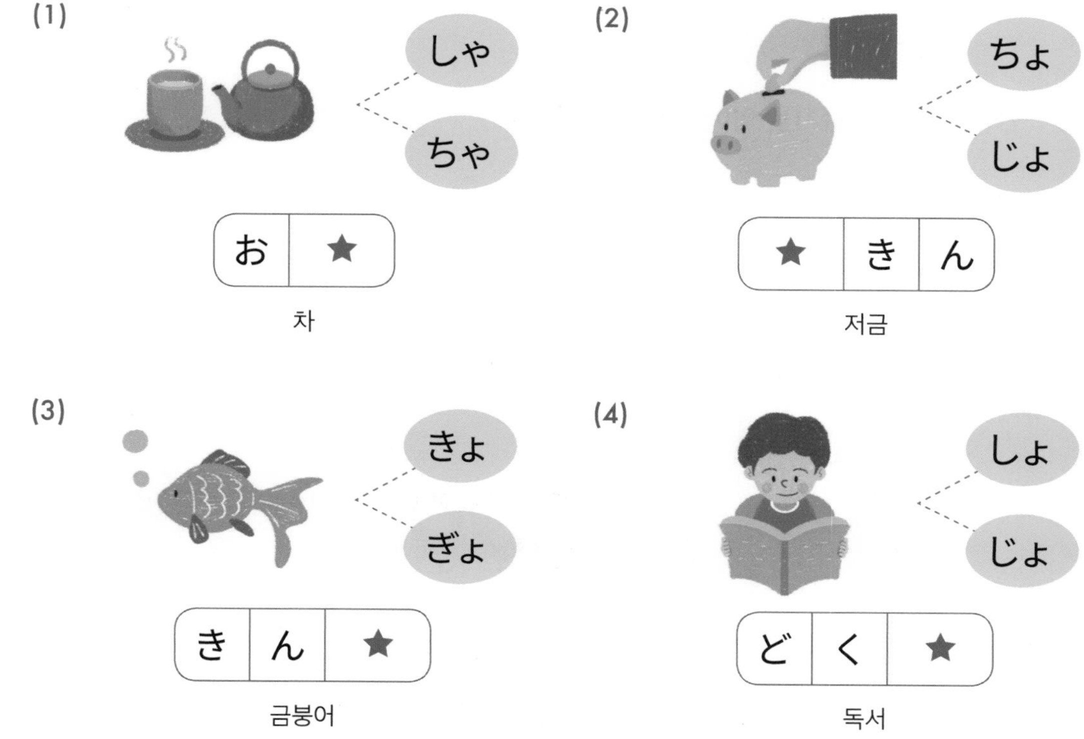

확인 문제

3 음성을 잘 듣고 일치하는 단어를 고르세요. TRACK 053

4 빈칸에 들어갈 글자를 이어 보세요.

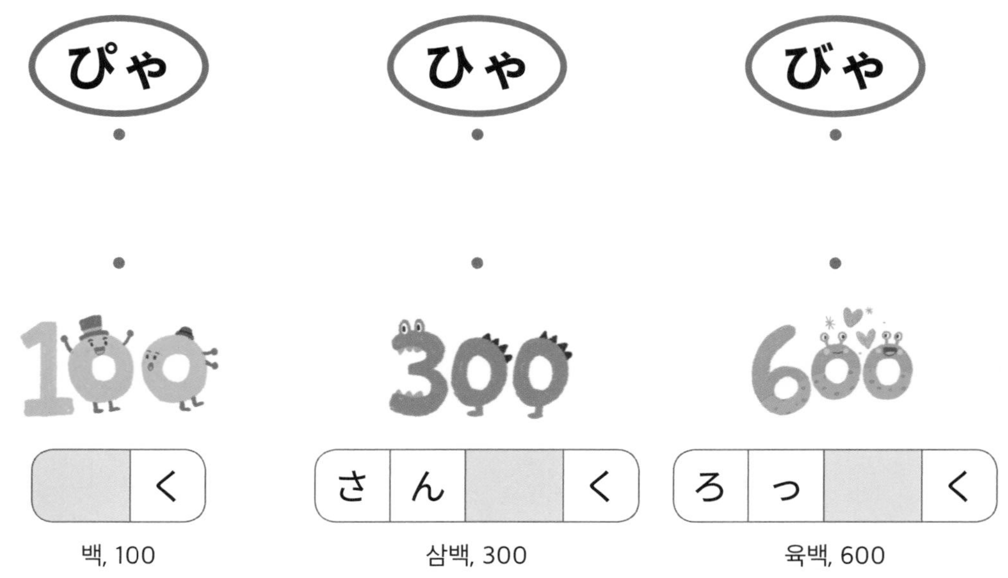

5 **발음 표시를 보고 히라가나 요음을 모두 써 보세요.**

きゃ [kya]	[kyu]	[kyo]
[gya]	[gyu]	[gyo]
[sha]	[shu]	[sho]
[ja]	[ju]	[jo]
[cha]	[chu]	[cho]
[nya]	[nyu]	[nyo]
[hya]	[hyu]	[hyo]
[bya]	[byu]	[byo]
[pya]	[pyu]	[pyo]
[mya]	[myu]	[myo]
[rya]	[ryu]	[ryo]

음성 듣기

HIRAGANA

4

촉음·발음 장음

일본어답게 발음하는 데에 있어서 가장 중요한 것은 리듬입니다.
리듬은 박(=박자)이라는 단위로 표현되는데, 각각의 글자는 모두 한 박의 길이를 가집니다.
촉음, 발음은 우리말의 받침과 유사하지만 한 글자에 해당하는 한 박의 길이로 말해야 합니다. 장음도 반드시 한 박의 길이로 말해 주세요.
장음의 경우, 모음의 길이에 따라 의미가 달라지는 경우도 있으니 주의해야 합니다.

✱ 히라가나 촉음

TRACK 054

「っ」를 작게 쓴 것을 촉음이라고 하며 우리말 ㄱ, ㅅ, ㄷ, ㅂ 받침과 비슷합니다. 촉음 바로 뒤의 자음과 동일한 소리로 발음하면 됩니다. 음의 길이가 우리말 받침과 달리 한 박자이므로 주의하세요.

촉음 뒤에 か행이 오면 [ㄱ]으로 발음

ひっこし 이사

[히ㄱ꼬시]

ひっこし	ひっこし
ひっこし	ひっこし

촉음 뒤에 さ행이 오면 [ㅅ]으로 발음

ざっし 잡지

[자ㅅ시]

ざっし	ざっし
ざっし	ざっし

촉음 뒤에 た행이 오면 [ㄷ]으로 발음

おっと 남편

[오ㄷ또]

おっと	おっと
おっと	おっと

촉음 뒤에 ぱ행이 오면 [ㅂ]으로 발음

きっぷ 표, 티켓

[키ㅂ뿌]

きっぷ	きっぷ
きっぷ	きっぷ

✱ 히라가나 발음

발음(撥音)은 「ん」으로 표기되는 소리를 가리키며, 우리말 ㅁ, ㄴ, ㅇ 받침과 비슷합니다. 「ん」은 바로 뒤에 오는 자음에 따라 소리가 변하며, 음의 길이가 우리말 받침과 달리 한 박자이므로 주의하세요.

「ま・ば・ぱ」행 앞에서는 [ㅁ]으로 발음

さんま 꽁치 [사ㅁ마]	ぜんぶ 전부, 모두 [제ㅁ부]	かんぱい 건배 [카ㅁ빠이]
さんま	ぜんぶ	かんぱい
さんま	ぜんぶ	かんぱい

「さ・ざ・た・だ・な・ら」행 앞에서는 [ㄴ]으로 발음

けんさ 검사 [케ㄴ사]	かんじ 한자 [카ㄴ지]	はんたい 반대 [하ㄴ따이]
けんさ	かんじ	はんたい
けんさ	かんじ	はんたい

うんどう 운동 [우ㄴ도—]	みんな 모두 [미ㄴ나]	べんり 편리 [베ㄴ리]
うんどう	みんな	べんり
うんどう	みんな	べんり

「か・が」행 앞에서는 [ㅇ]으로 발음

かんこく 한국 [카ㅇ꼬꾸]	にほんご 일본어 [니호ㅇ고]	だんご 경단 [다ㅇ고]
かんこく	にほんご	だんご
かんこく	にほんご	だんご

「あ・は・や・わ」행 앞에서는 [ㄴ과 ㅇ]의 중간 발음

れんあい 연애 [레ㅇ아이]	にほんふう [니호ㅇ후-] 일본풍, 일본식	ほんや 책방, 서점 [호ㅇ야]	でんわ 전화 [데ㅇ와]
れんあい	にほんふう	ほんや	でんわ
れんあい	にほんふう	ほんや	でんわ

✱ 히라가나 장음

TRACK 057

두 개 이상의 모음이 이어질 경우, 앞의 모음을 길게 발음합니다.

あ단 + あ → [아 –]

おかあさん 어머니
[오까 – 사ㅇ]

おかあさん

おかあさん

い단 + い → [이 –]

おじいさん 할아버지
[오지 – 사ㅇ]

おじいさん

おじいさん

う단 + う → [우 –]

ふうふ 부부
[후 – 후]

ふうふ

ふうふ

え단 + え 또는 い → [에 –]

おねえさん 언니, 누나
[오네 – 사ㅇ]

おねえさん

おねえさん

せんせい 선생님
[세ㄴ세 –]

せんせい

せんせい

えいが 영화
[에 – 가]

えいが

えいが

✱ 히라가나 장음

お단 + お 또는 う ➔ [오-]

こおり 얼음 [코-리]	おとうさん 아버지 [오또-사ㅇ]	すもう 스모, 일본 씨름 [스모-]
こおり	おとうさん	すもう
こおり	おとうさん	すもう

요음 + う ➔ [요-], [유-]

きょう 오늘 [쿄-]	ぎゅうにゅう 우유 [규-뉴-]	じゅう 열, 10 [쥬-]
きょう	ぎゅうにゅう	じゅう
きょう	ぎゅうにゅう	じゅう

✱ 확인 문제

1 다음 중「ん」의 발음이 다른 것을 고르세요

①

② 편리

③ 검사

④

2 그림과 일치하는 단어에 ○표 하세요.

(1)

おねえさん ☐

おじいさん ☐

(2)
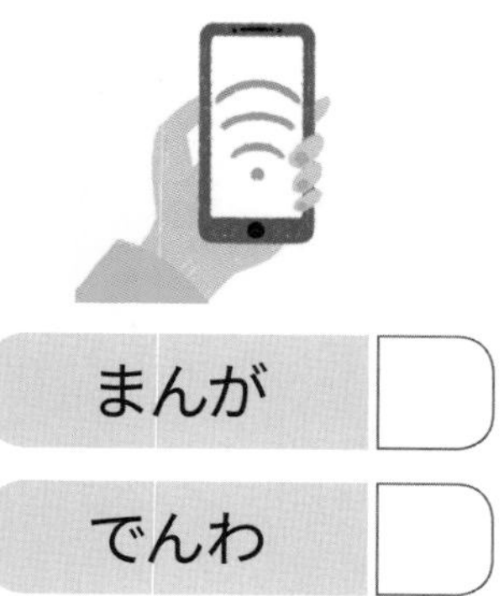

まんが ☐

でんわ ☐

(3)

きっぷ ☐

ひっこし ☐

(4)

さんま ☐

だんご ☐

✱ 확인 문제

3 음성을 듣고 보기 와 같이 빈칸에 일본어와 뜻을 써 보세요. TRACK 059

보기

お	か	あ	さ	ん

→ 어머니

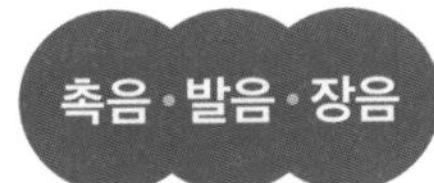

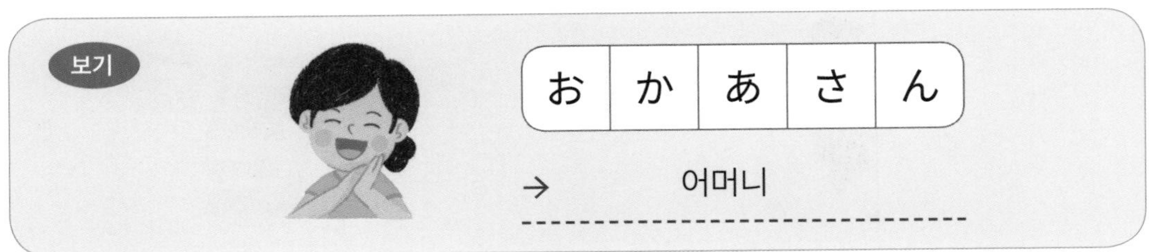

(1)

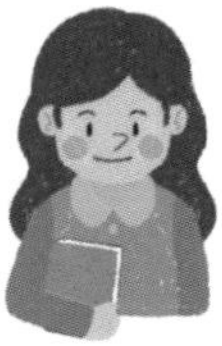

→

(2)

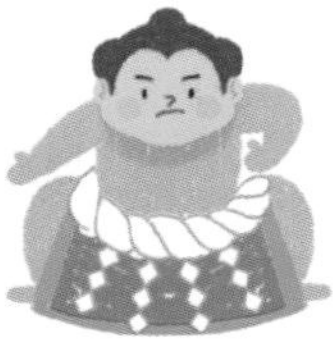

→

(3)

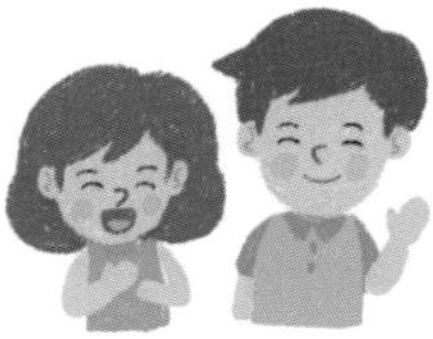

→

(4)

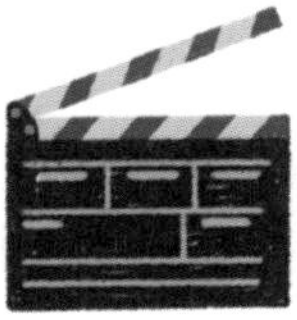

→

(5)

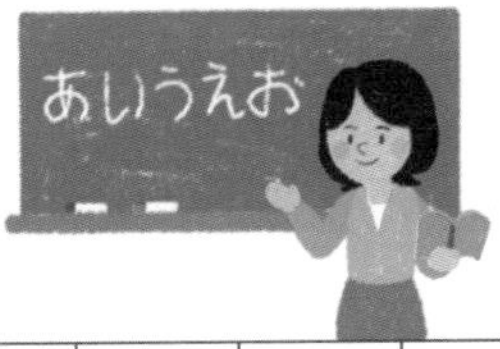

→

(6)

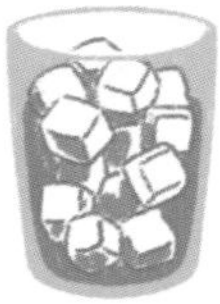

→

memo

가타카나 익히기

음성 듣기

KATAKANA

1

청음

일본인들은 외래어를 많이 씁니다. 그 외래어를 표기하는 글자가 바로 가타카나입니다.
가타카나만 읽을 줄 알아도 일본 잡지며 거리 간판의 반 이상은 이해할 수 있습니다.
또한, 의성어 · 의태어나 강조하고 싶은 말에도 가타카나를 쓰기 때문에
히라가나와 함께 반드시 외워 둡시다.

	ア단	イ단	ウ단	エ단	オ단
ア행	ア 아 [a]	イ 이 [i]	ウ 우 [u]	エ 에 [e]	オ 오 [o]
カ행	カ 카 [ka]	キ 키 [ki]	ク 쿠 [ku]	ケ 케 [ke]	コ 코 [ko]
サ행	サ 사 [sa]	シ 시 [shi]	ス 스 [su]	セ 세 [se]	ソ 소 [so]
タ행	タ 타 [ta]	チ 치 [chi]	ツ 츠 [tsu]	テ 테 [te]	ト 토 [to]
ナ행	ナ 나 [na]	ニ 니 [ni]	ヌ 누 [nu]	ネ 네 [ne]	ノ 노 [no]
ハ행	ハ 하 [ha]	ヒ 히 [hi]	フ 후 [fu]	ヘ 헤 [he]	ホ 호 [ho]
マ행	マ 마 [ma]	ミ 미 [mi]	ム 무 [mu]	メ 메 [me]	モ 모 [mo]
ヤ행	ヤ 야 [ya]		ユ 유 [yu]		ヨ 요 [yo]
ラ행	ラ 라 [ra]	リ 리 [ri]	ル 루 [ru]	レ 레 [re]	ロ 로 [ro]
ワ행	ワ 와 [wa]				ヲ 오 [o]
	ン 응 [n]				

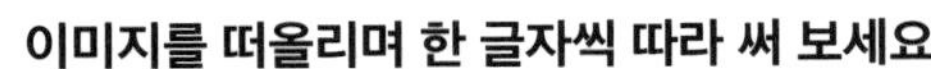

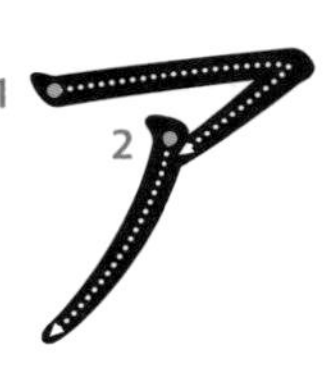

아 [a]
아이스크림

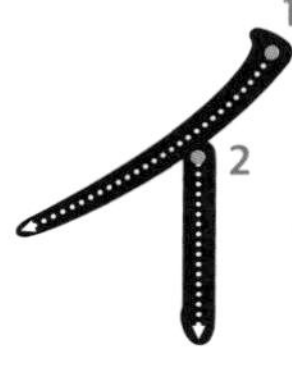

이 [i]
이젤

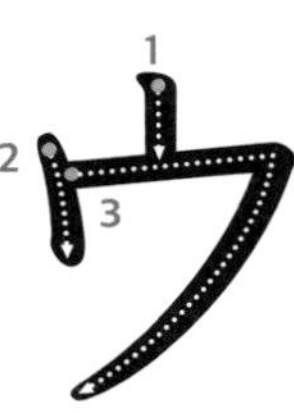

우 [u]
우산

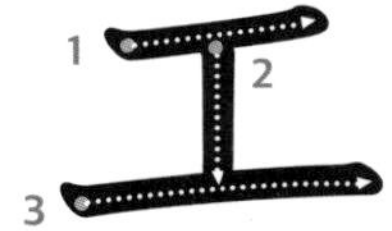

에 [e]
에어로빅

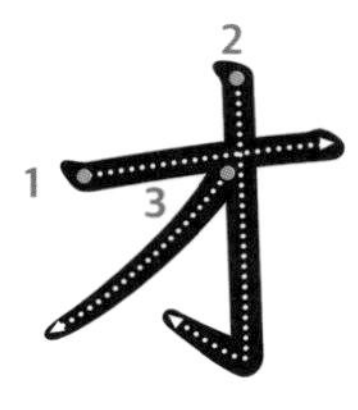

오 [o]
오징어

TRACK 061

✱ 이미지로 연상하기  이미지를 떠올리며 한 글자씩 따라 써 보세요.

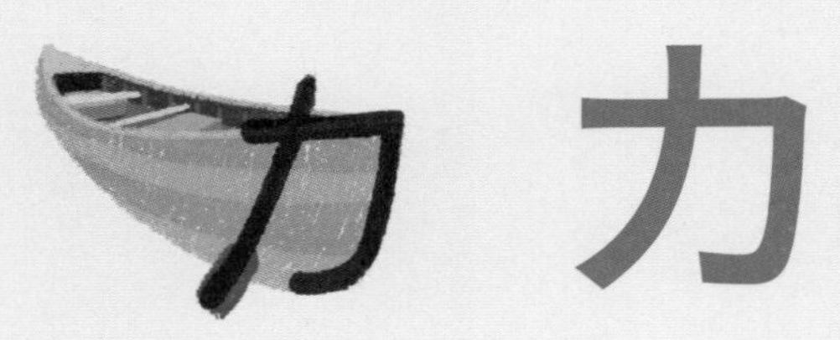

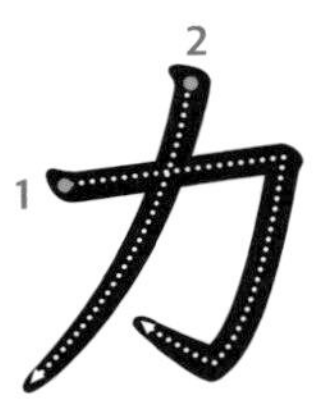

카 [ka]
카누

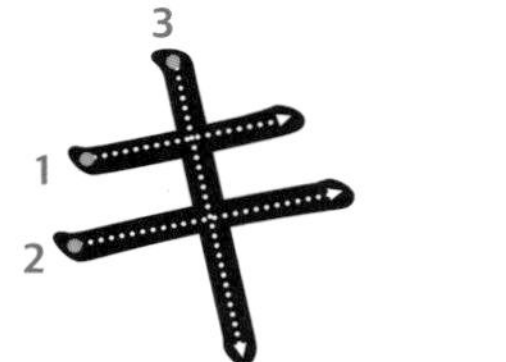

키 [ki]
키(Key)

ク

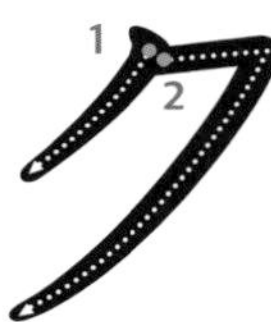

쿠 [ku]
쿠폰

ケ

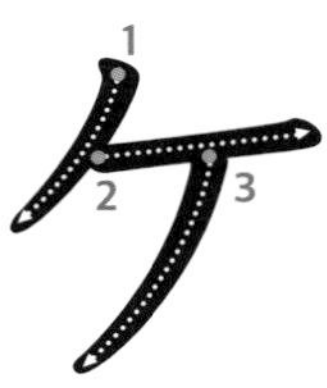

케 [ke]
케이크

コ

コ

코 [ko]
코너

TRACK 062

カ カ カ

[ka]

キ キ キ

[ki]

ク ク ク

[ku]

ケ ケ ケ

[ke]

コ コ コ

[ko]

✳ 이미지로 연상하기

사 [sa]

사다리

시 [shi]

오줌 쉬(시)~

스 [su]

스커트

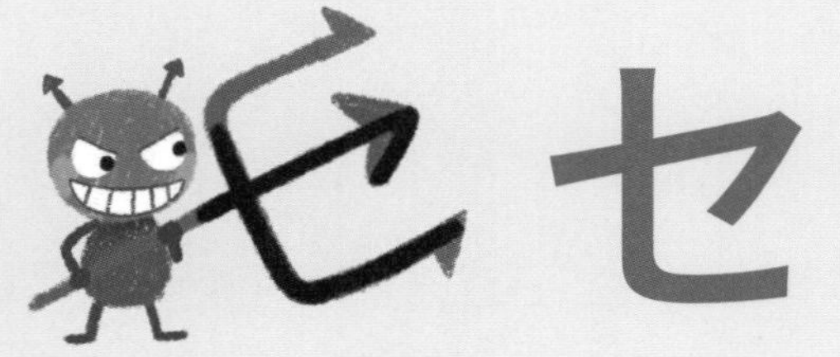

세 [se]

세균

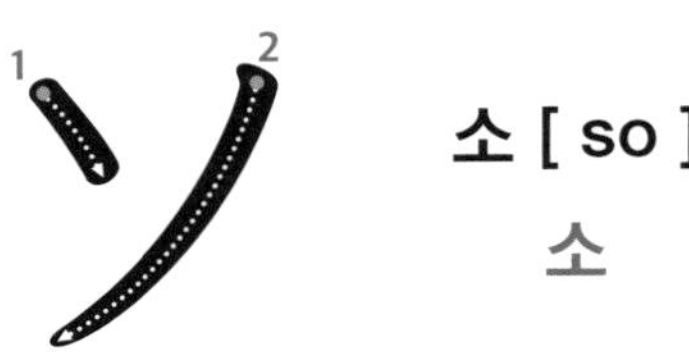

소 [so]

소

サ
[sa]
サ サ
シ
[shi]
シ シ
ス
[su]
ス ス
セ
[se]
セ セ
ソ
[so]
ソ ソ

✱ 이미지로 연상하기  이미지를 떠올리며 한 글자씩 따라 써 보세요.

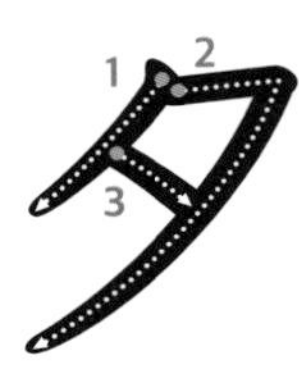

타 [ta]
타워

チ

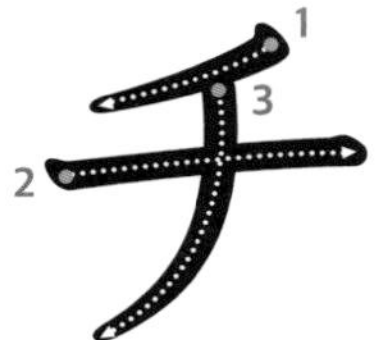

치 [chi]
참치

ツ

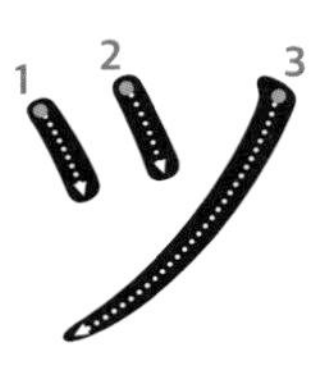

츠 [tsu]
왈츠

テ

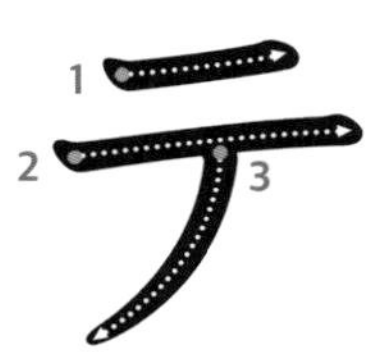

테 [te]
테이블

ト

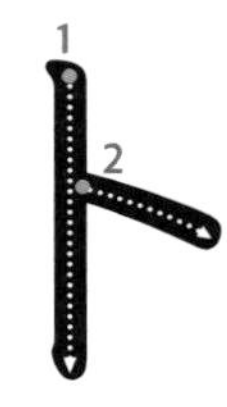

토 [to]
토마토

TRACK 064

タ

[ta]

タ タ

チ

[chi]

チ チ

ツ

[tsu]

ツ ツ

テ

[te]

テ テ

ト

[to]

ト ト

✻ 이미지로 연상하기  이미지를 떠올리며 한 글자씩 따라 써 보세요.

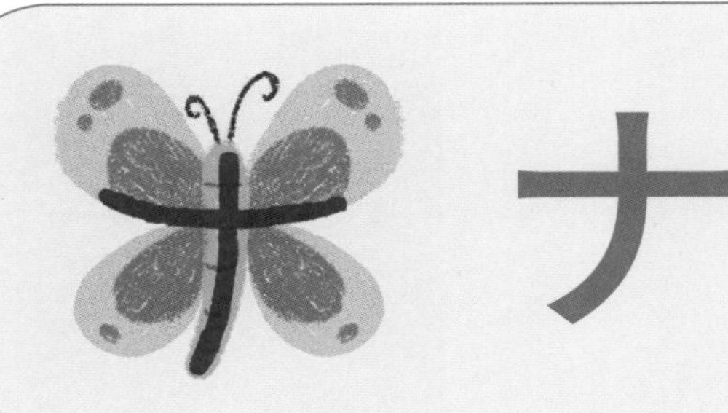

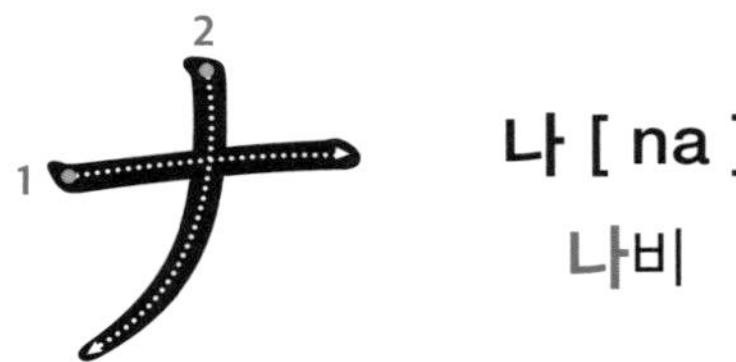

나 [na]
나비

니 [ni]
두 이(니)

ヌ

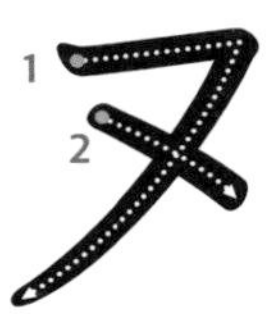

누 [nu]
누더기

ネ

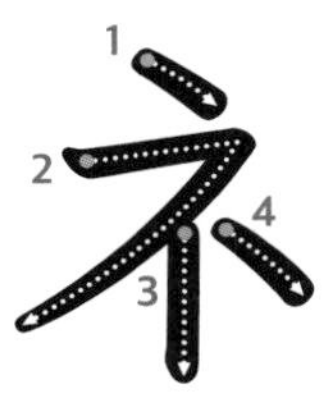

네 [ne]
넥(네)타이

ノ

노 [no]
노(NO!)

TRACK 065

ナ [na]

ナ ナ

ニ [ni]

ニ ニ

ヌ [nu]

ヌ ヌ

ネ [ne]

ネ ネ

ノ [no]

ノ ノ

✳ 이미지로 연상하기  이미지를 떠올리며 한 글자씩 따라 써 보세요.

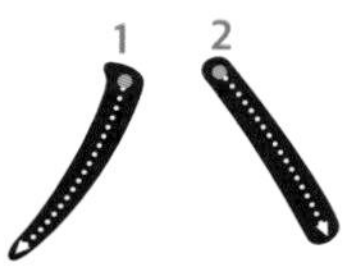

하 [ha]

할(하)아버지

ヒ

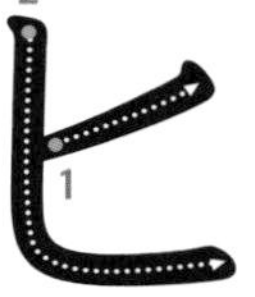

히 [hi]

히프

フ

후 [fu]

입김 후~

헤 [he]

헤엄

ホ

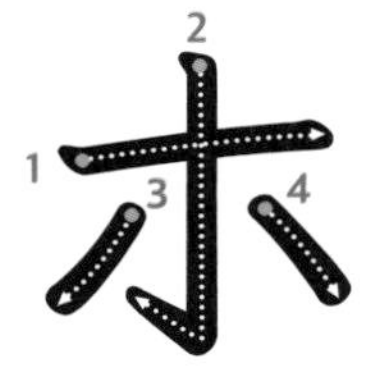

호 [ho]

호랑이

TRACK 066

ハ [ha]	ハ	ハ
ヒ [hi]	ヒ	ヒ
フ [fu]	フ	フ
ヘ [he]	ヘ	ヘ
ホ [ho]	ホ	ホ

✱ 이미지로 연상하기  이미지를 떠올리며 한 글자씩 따라 써 보세요.

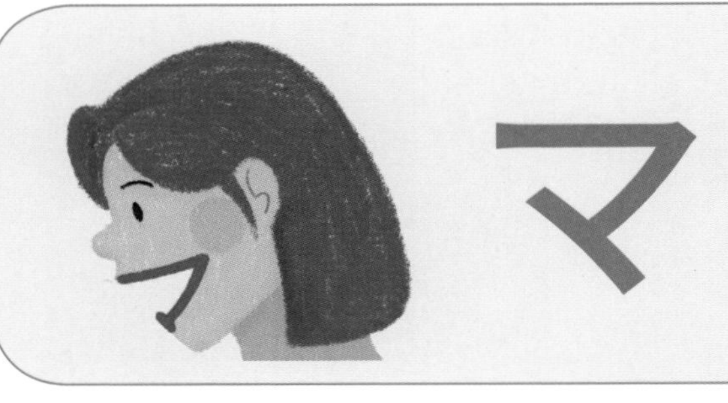

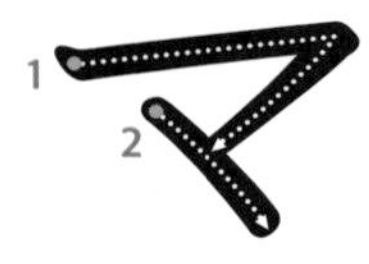

마 [ma]
마우스(입)

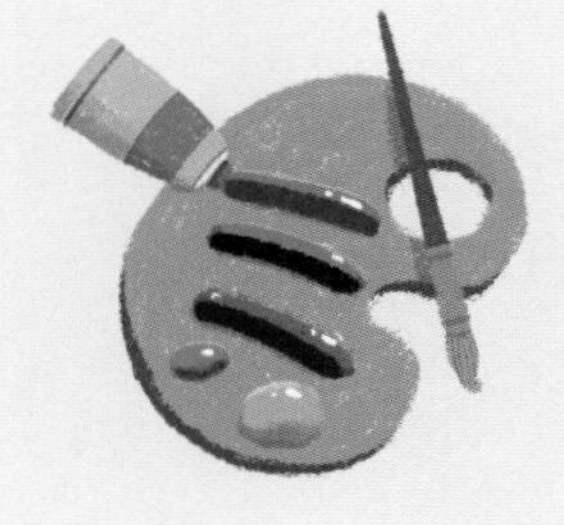

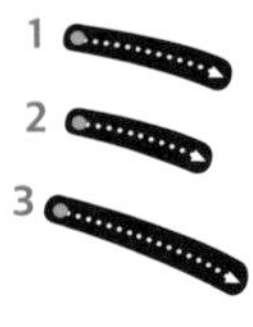

미 [mi]
미술

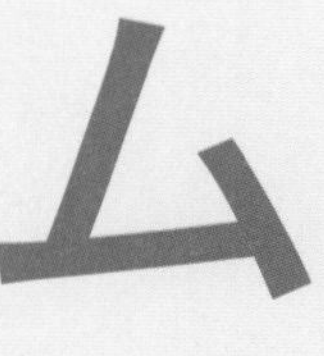

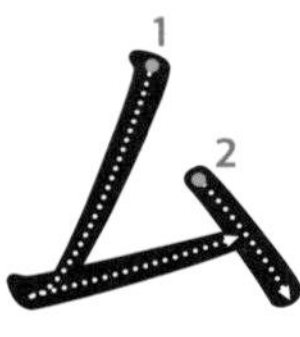

무 [mu]
무릎

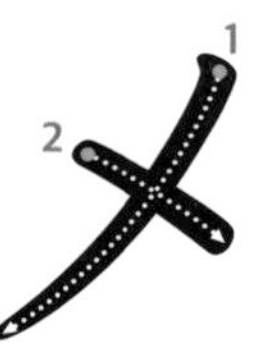

메 [me]
멜(메)론

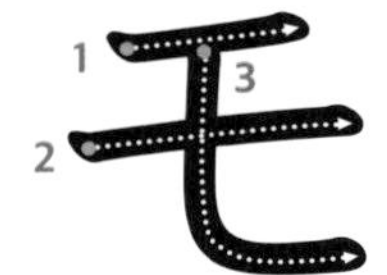

모 [mo]
모자

TRACK 067

マ [ma]	マ	マ	
ミ [mi]	ミ	ミ	
ム [mu]	ム	ム	
メ [me]	メ	メ	
モ [mo]	モ	モ	

이미지를 떠올리며 한 글자씩 따라 써 보세요.

TRACK 068

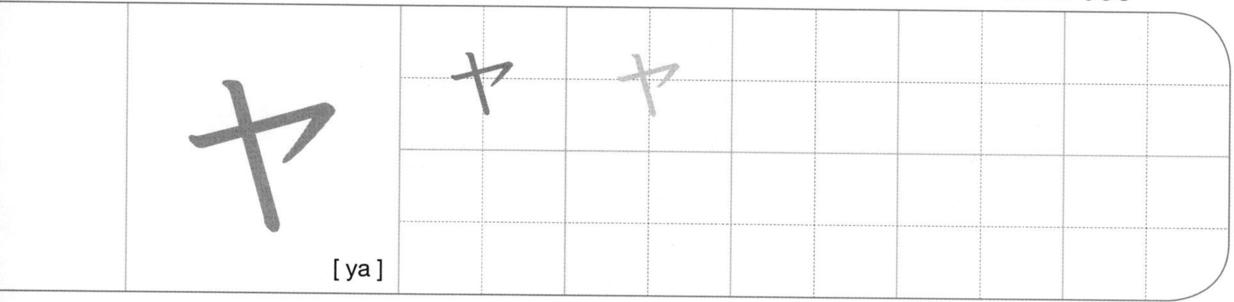

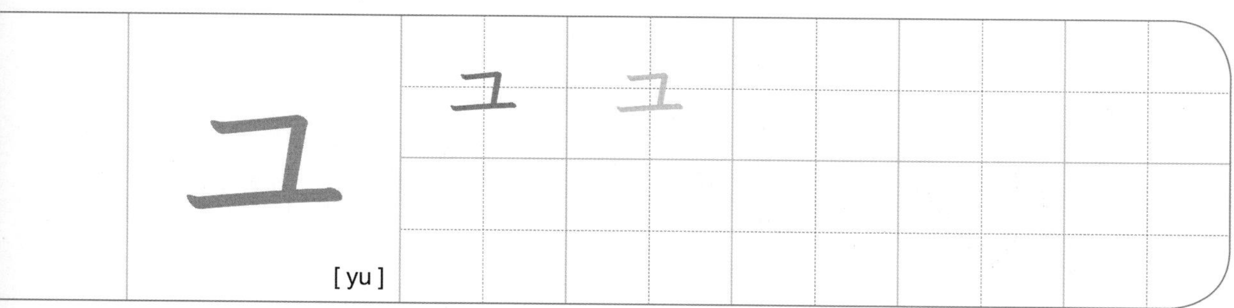

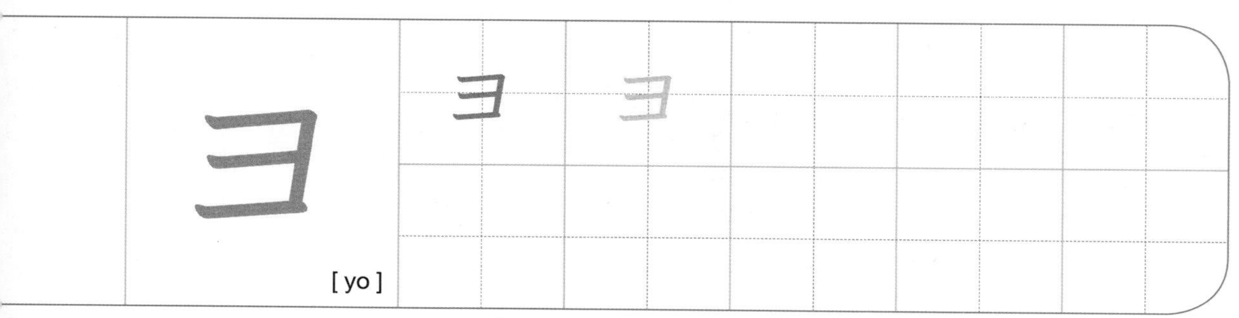

✱ 이미지로 연상하기 (ラ 행)

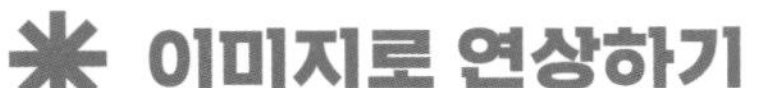

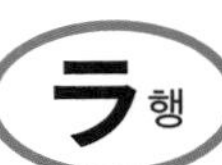

이미지를 떠올리며 한 글자씩 따라 써 보세요.

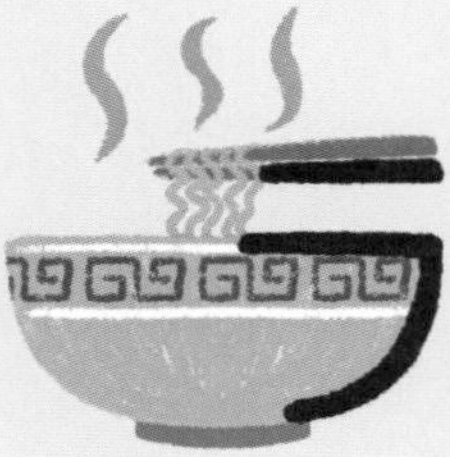

ラ

ラ

라 [ra]

라면

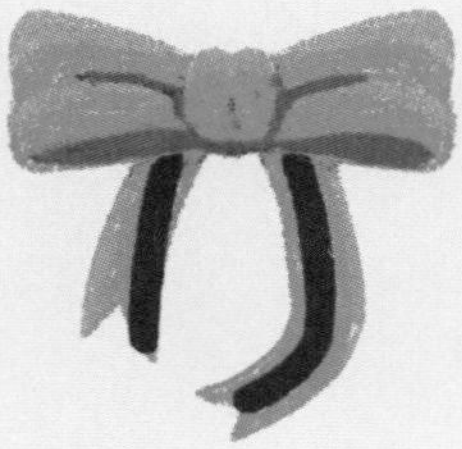

リ

リ

리 [ri]

리본

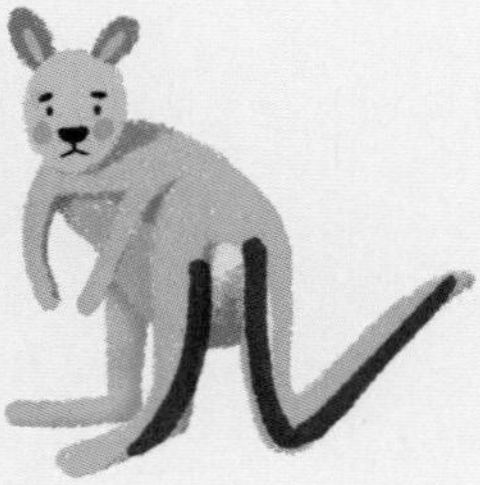

ル

ル

루 [ru]

캥거루

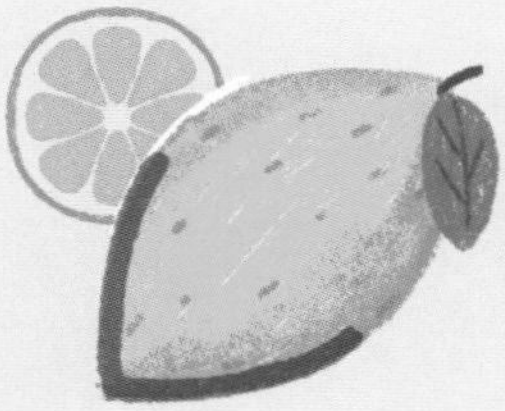

レ

レ

레 [re]

레몬

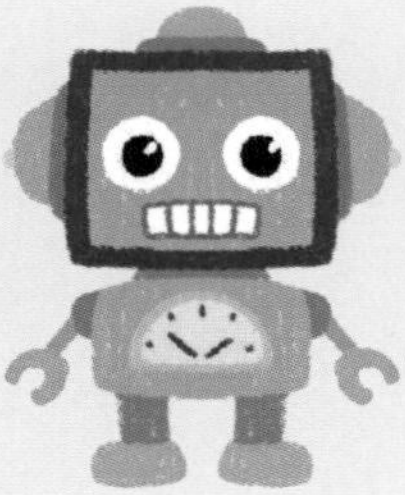

ロ

ロ

로 [ro]

로봇

TRACK 069

・ン 이미지를 떠올리며 한 글자씩 따라 써 보세요.

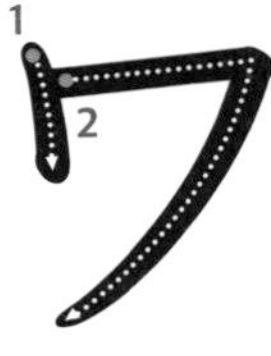

와 [wa]
와인

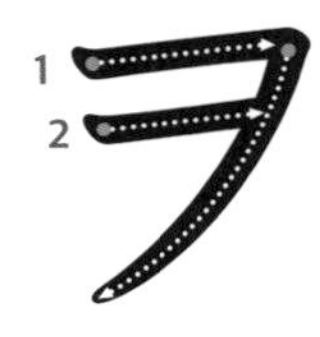

오 [o]
오리

응 [n]
응원

TRACK 070

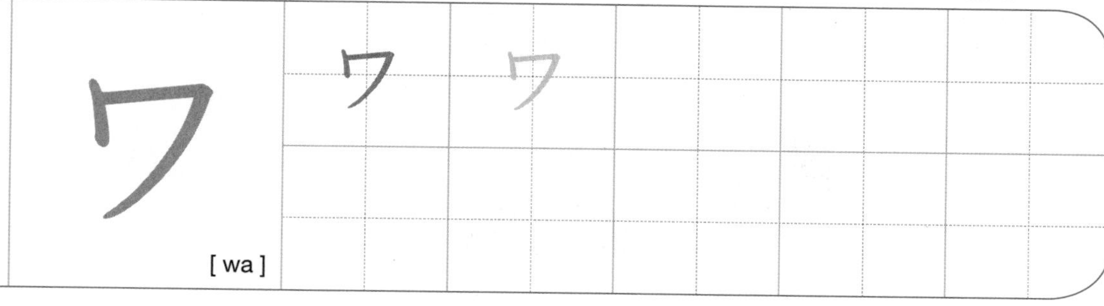

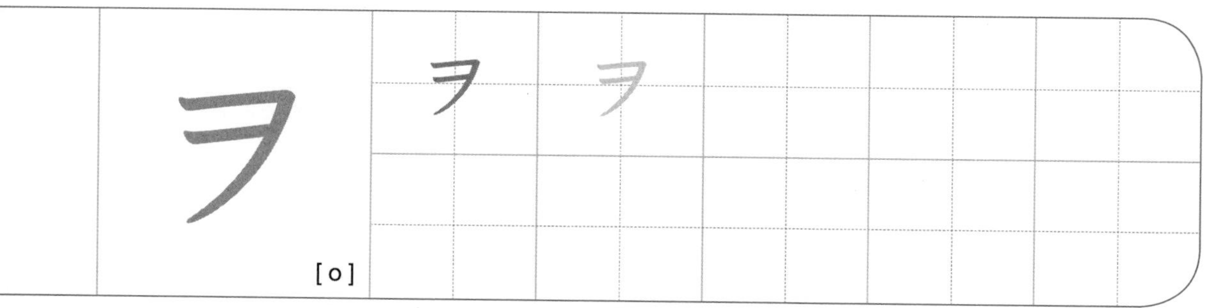

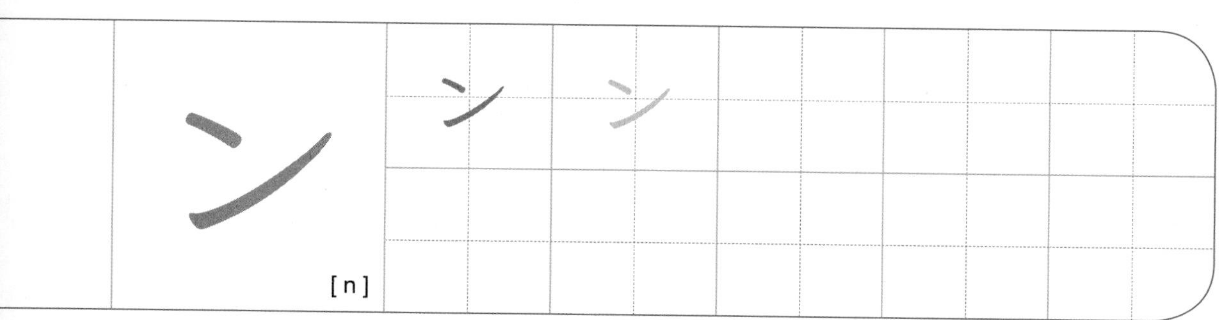

✱ 단어로 익히기 악센트에 주의하며 따라 읽어 본 후 빈칸에 써 보세요.

ア행

TRACK 071

アイス	イタリア	ソウル	エプロン	オレンジ
[아이스]	[이타리아]	[소-루]•	[에푸로ㅇ]	[오레ㄴ지]
아이스, 얼음	이탈리아	서울	앞치마	오렌지
アイス	イタリア	ソウル	エプロン	オレンジ
アイス	イタリア	ソウル	エプロン	オレンジ

• オ단 뒤에 모음(ウ)이 올 경우 길게 발음해요.

カ행

TRACK 072

カメラ	キス	クラス	カラオケ	コアラ
[카메라]	[키스]	[쿠라스]	[카라오케]	[코아라]
카메라	키스	클래스, 학급	노래방	코알라
カメラ	キス	クラス	カラオケ	コアラ
カメラ	キス	クラス	カラオケ	コアラ

TRACK 073

サイン [사이ㅇ] 사인	シニア [시니아] 시니어	テスト [테스토] 테스트	センチ [세ㄴ치] 센티미터	ソース [소-스] 소스
サイン	シニア	テスト	センチ	ソース
サイン	シニア	テスト	センチ	ソース

タ 행

TRACK 074

タオル [타오루] 타월	チキン [치키ㅇ] 치킨	ツナ [츠나] 참치(캔)	テント [테ㄴ또] 텐트	トマト [토마토] 토마토
タオル	チキン	ツナ	テント	トマト
タオル	チキン	ツナ	テント	トマト

✱ 단어로 익히기 악센트에 주의하며 따라 읽어 본 후 빈칸에 써 보세요.

ナ행

TRACK 075

ナイフ	テニス	ヌードル	ネクタイ	ノート
[나이후]	[테니스]	[누-도루]	[네쿠타이]	[노-토]
나이프	테니스	누들	넥타이	노트
ナイフ	テニス	ヌードル	ネクタイ	ノート
ナイフ	テニス	ヌードル	ネクタイ	ノート

ハ행

TRACK 076

ハム	コーヒー	フランス	ヘア	ホテル
[하무]	[코-히-]	[후라ㅇ스]	[헤아]	[호테루]
햄	커피	프랑스	헤어	호텔
ハム	コーヒー	フランス	ヘア	ホテル
ハム	コーヒー	フランス	ヘア	ホテル

TRACK 077

マイク [마이쿠] 마이크	ミルク [미루쿠] 밀크	タイム [타이무] 타임	メキシコ [메키시코] 멕시코	メモ [메모] 메모
マイク	ミルク	タイム	メキシコ	メモ
マイク	ミルク	タイム	メキシコ	メモ

TRACK 078

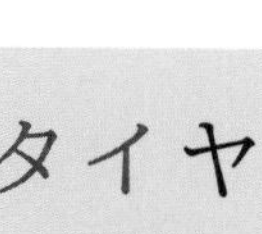タイヤ [타이야] 타이어	ユニホーム [유니호-무] 유니폼	クレヨン [쿠레요ㅇ] 크레용
タイヤ	ユニホーム	クレヨン
タイヤ	ユニホーム	クレヨン

✱ 단어로 익히기 악센트에 주의하며 따라 읽어 본 후 빈칸에 써 보세요.

ラ행

TRACK 079

ライオン	リボン	ビール	トイレ	ロシア
[라이오ㅇ] 사자	[리보ㅇ] 리본	[비-루] 맥주	[토이레] 화장실	[로시아] 러시아
ライオン	リボン	ビール	トイレ	ロシア
ライオン	リボン	ビール	トイレ	ロシア

ワ행·ン

TRACK 080

ワイン		メロン
[와이ㅇ] 와인	* 가타카나 「ヲ」가 들어간 단어는 거의 없습니다.	[메로ㅇ] 멜론
ワイン		メロン
ワイン		メロン

✱ 닮은꼴 글자 모양이 비슷하여 혼동하기 쉬운 글자들을 써 보세요.

アイス
얼음

ア
[a]

マ
[ma]

マイク
마이크

ア ア

マ マ

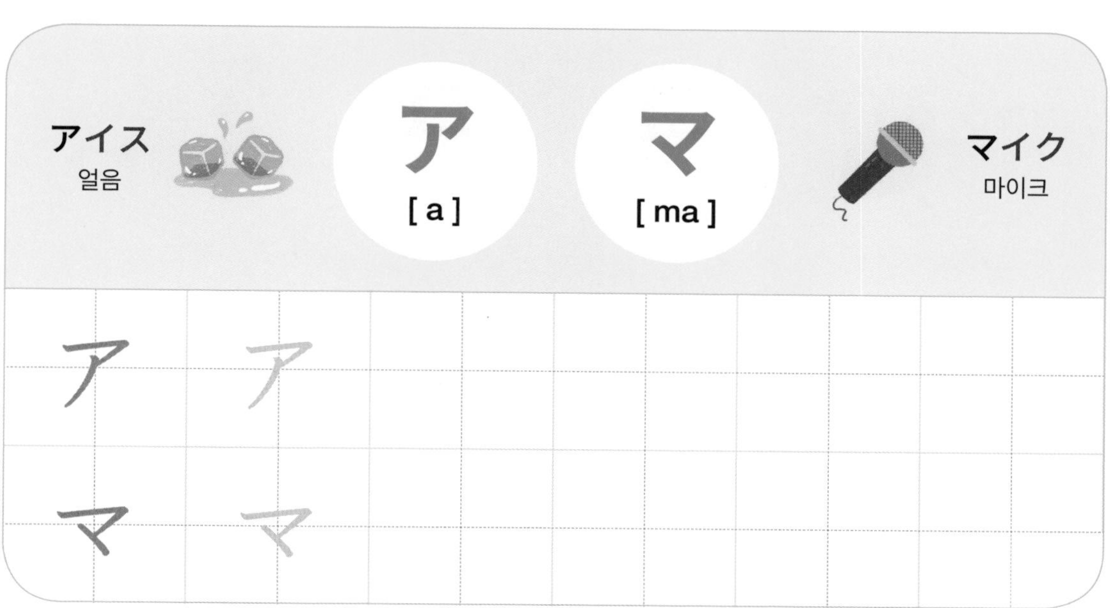

ク
[ku]

タ
[ta]

ワ
[wa]

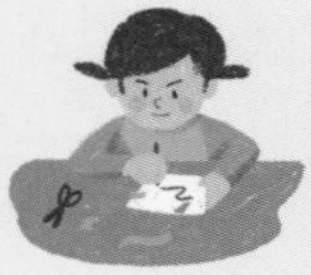

クラス
클래스

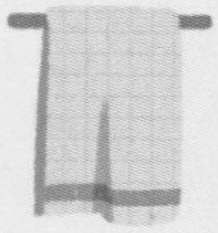

タオル
타월

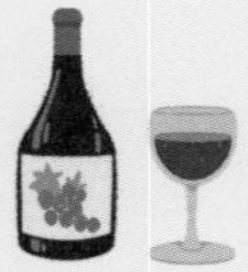

ワイン
와인

ク ク

タ タ

ワ ワ

✳ 닮은꼴 글자 모양이 비슷하여 혼동하기 쉬운 글자들을 써 보세요.

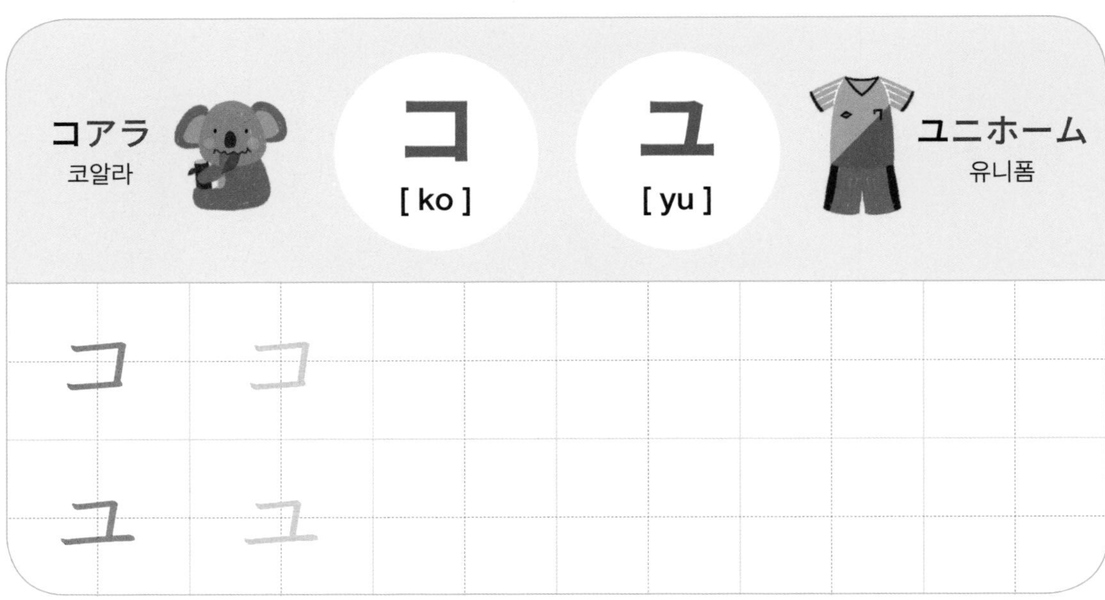

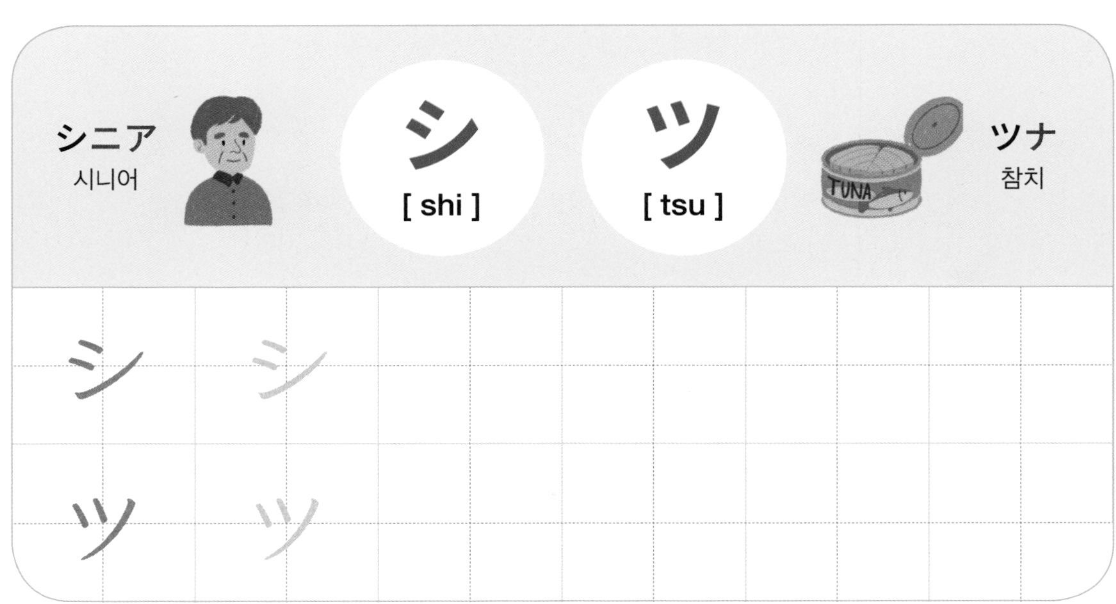

テスト
테스트
ス
[su]
ヌ
[nu]
ヌードル
누들
ス ス
ヌ ヌ

センチ
센티미터
セ
[se]
ヒ
[hi]
コーヒー
커피
セ セ
ヒ ヒ

✳ 닮은꼴 글자 모양이 비슷하여 혼동하기 쉬운 글자들을 써 보세요.

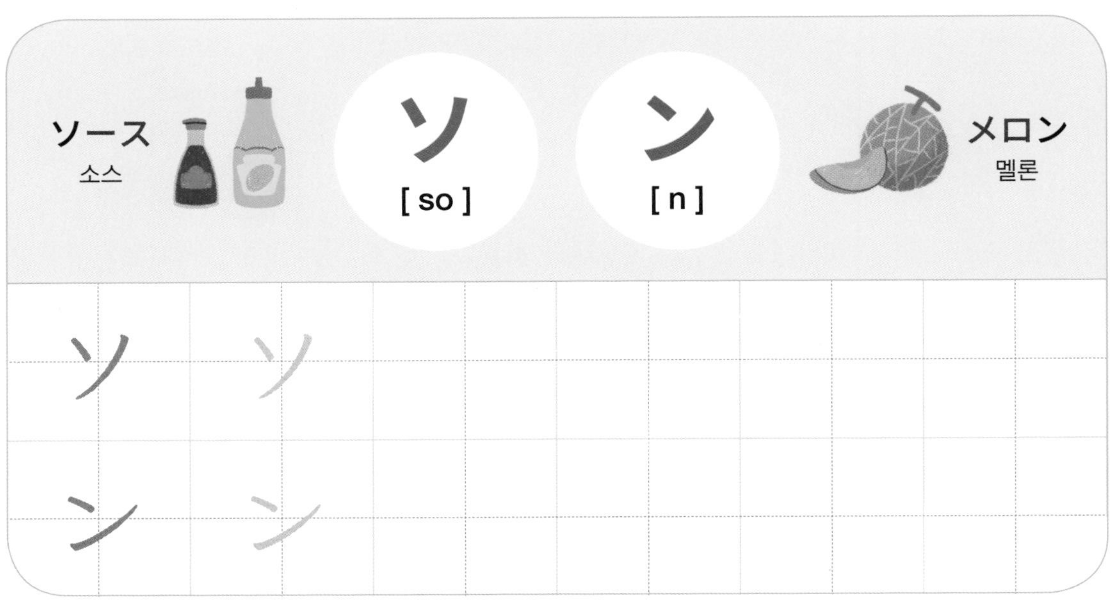

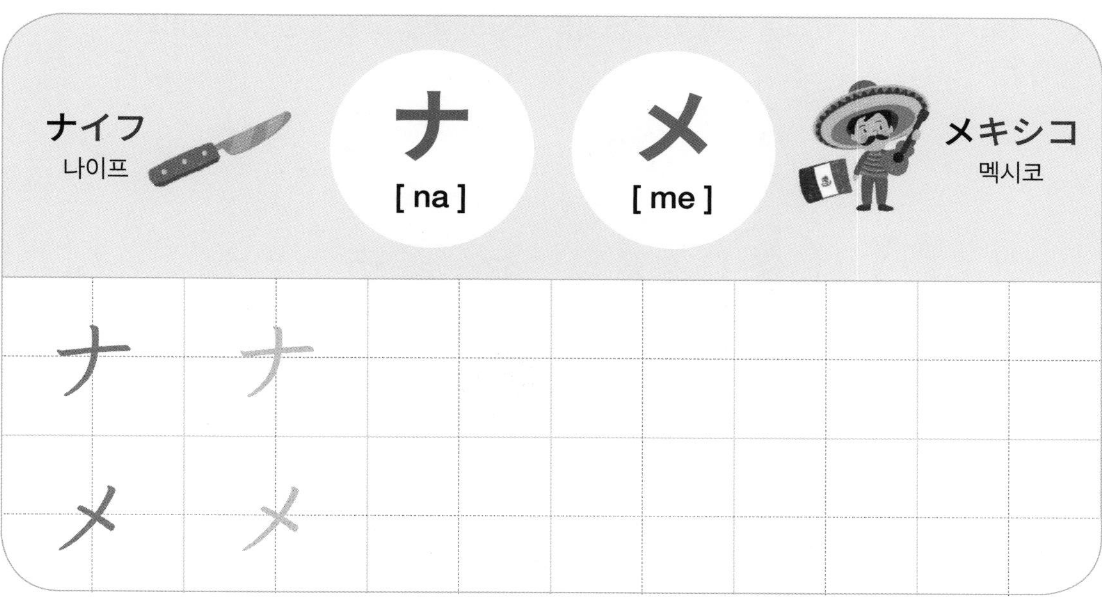
ナイフ
나이프
ナ
[na]
メ
[me]
メキシコ
멕시코
ナ ナ
メ メ

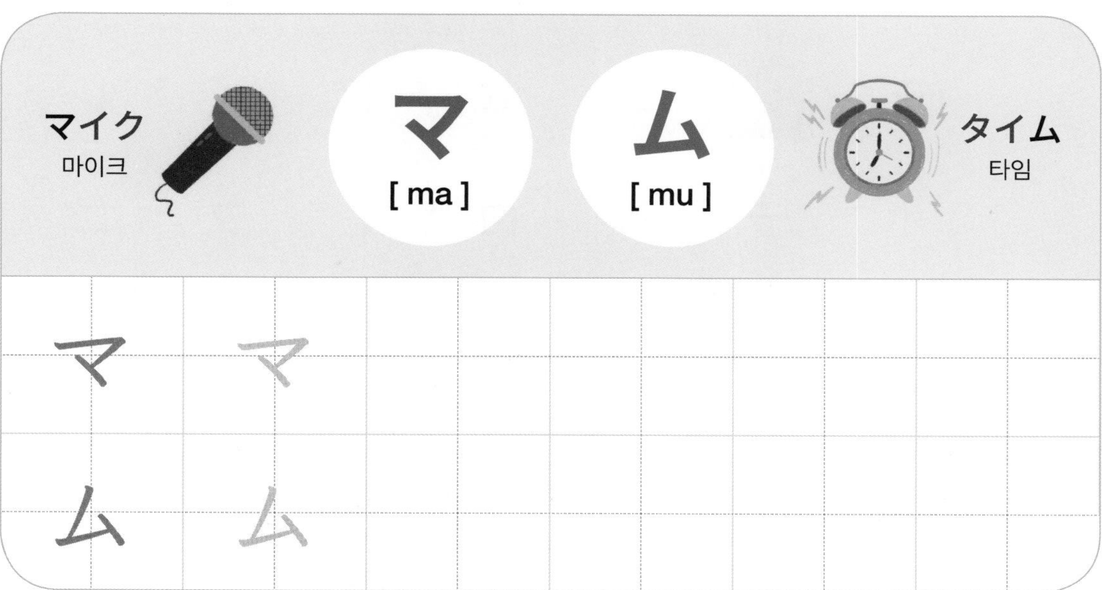
マイク
마이크
マ
[ma]
ム
[mu]
タイム
타임
マ マ
ム ム

✳ 확인 문제

1 가로, 세로, 대각선으로 숨어 있는 단어를 찾아보세요. 그림에 힌트가 있어요.

メ	ハ		ミ	ル	ク	シ
	タ	ア	セ	テ	ナ	ム
ヨ	イ	ト		キ	ノ	ク
ユ	ム	マ	イ	ク	ス	ヘ
ソ	オ	ル		ワ		ラ
チ		シ	セ	ト	イ	レ
ホ	テ	ル	ロ	モ	フ	ニ

2 그림을 보고 올바른 표기에 ○표 하세요.

(1) コアラ ☐ / ユアラ ☐

(2) チント ☐ / テント ☐

(3) テニス ☐ / チニス ☐

(4) ハマ ☐ / ハム ☐

3 히라가나를 참고하여 빈칸에 가타카나를 적어 보세요.

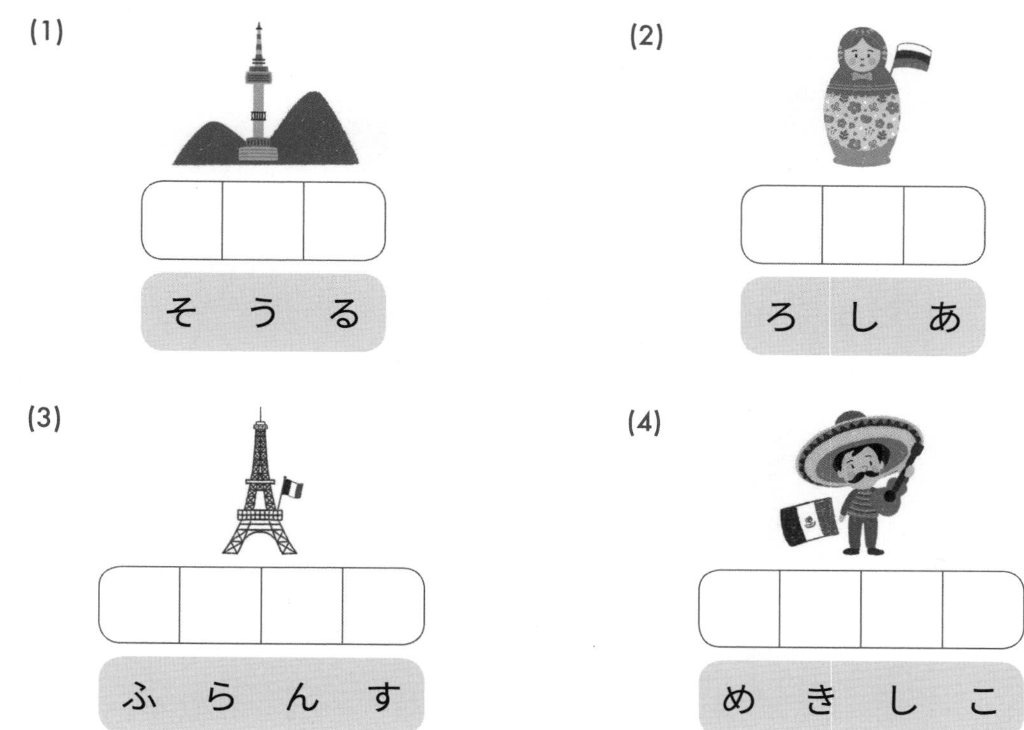

4 같은 행에 속하는 글자가 아닌 것을 찾아보세요.

음성 듣기

KATAKANA
2

탁음
반탁음

탁음은 글자의 오른쪽 위에 탁점(゛)이 붙은 글자이며,
「カ・サ・タ・ハ」행에서만 나타납니다.
반탁음은 글자의 오른쪽 위에 반탁점(°)이 붙은 글자이며,
「ハ」행에서만 나타납니다.

TRACK 081

탁음

	ア단	イ단	ウ단	エ단	オ단
ガ행	ガ 가 [ga]	ギ 기 [gi]	グ 구 [gu]	ゲ 게 [ge]	ゴ 고 [go]
ザ행	ザ 자 [za]	ジ 지 [ji]	ズ 즈 [zu]	ゼ 제 [ze]	ゾ 조 [zo]
ダ행	ダ 다 [da]	ヂ 지 [ji]	ヅ 즈 [zu]	デ 데 [de]	ド 도 [do]
バ행	バ 바 [ba]	ビ 비 [bi]	ブ 부 [bu]	ベ 베 [be]	ボ 보 [bo]

TRACK 082

반탁음

	ア단	イ단	ウ단	エ단	オ단
パ행	パ 파 [pa]	ピ 피 [pi]	プ 푸 [pu]	ペ 페 [pe]	ポ 포 [po]

✱ 쓰기 · 단어로 익히기

[가·기·구·게·고]라고 발음하며 영어의 [g] 발음과 비슷합니다.

ガ	ギ	グ	ゲ	ゴ
가 [ga]	기 [gi]	구 [gu]	게 [ge]	고 [go]
ガ ガ	ギ ギ	グ グ	ゲ ゲ	ゴ ゴ
ガ ガ	ギ ギ	グ グ	ゲ ゲ	ゴ ゴ

ヨガ	ギフト	グラス	ゲーム	ゴルフ
[요가]	[기후토]	[구라스]	[게-무]	[고루후]
요가	기프트, 선물	글라스, 유리잔	게임	골프
ヨガ	ギフト	グラス	ゲーム	ゴルフ
ヨガ	ギフト	グラス	ゲーム	ゴルフ

TRACK 084

[자·지·즈·제·조]라고 발음하며 영어의 [z] 발음과 비슷합니다.
「ズ」는 [주]가 아니라 [즈]라고 발음한다는 점에 주의하세요.

ザ	ジ	ズ	ゼ	ゾ
자 [za]	지 [ji]	즈 [zu]	제 [ze]	조 [zo]
ザ ザ	ジ ジ	ズ ズ	ゼ ゼ	ゾ ゾ
ザ ザ	ジ ジ	ズ ズ	ゼ ゼ	ゾ ゾ

ピザ	ジム	サイズ	ゼロ	ゾンビ
[피자] 피자	[지무] 짐, 헬스장	[사이즈] 사이즈	[제로] 제로, 0	[조ㅁ비] 좀비
ピザ	ジム	サイズ	ゼロ	ゾンビ
ピザ	ジム	サイズ	ゼロ	ゾンビ

[다·지·즈·데·도]라고 발음합니다.「ダ・デ・ド」는 영어의 [d] 발음과 비슷하며, 「ヂ・ヅ」는「ジ・ズ」와 동일하게 발음합니다. 또,「ヂ・ヅ」가 쓰이는 경우는 많이 없습니다.

ダ	ヂ	ヅ	デ	ド
다 [da]	지 [ji]	즈 [zu]	데 [de]	도 [do]
ダ ダ	ヂ ヂ	ヅ ヅ	デ デ	ド ド
ダ ダ	ヂ ヂ	ヅ ヅ	デ デ	ド ド

ダンス [다ㄴ스] 댄스	チヂミ [치지미] 지짐이, 부침개	* 가타카나「ヅ」가 들어간 단어는 거의 없습니다.	デザイン [데자이ㅇ] 디자인	ドア [도아] 도어, 문
ダンス	チヂミ		デザイン	ドア
ダンス	チヂミ		デザイン	ドア

TRACK 086

[바·비·부·베·보]라고 발음하며 영어의 [b] 발음과 비슷합니다.

バ	ビ	ブ	ベ	ボ
바 [ba]	비 [bi]	부 [bu]	베 [be]	보 [bo]
バ バ	ビ ビ	ブ ブ	ベ ベ	ボ ボ
バ バ	ビ ビ	ブ ブ	ベ ベ	ボ ボ

バス	ビジネス	ブラシ	ベル	ボタン
[바스]	[비지네스]	[브라시]	[베루]	[보타ㅇ]
버스	비즈니스	브러시, 솔	벨, 종	버튼, 단추
バス	ビジネス	ブラシ	ベル	ボタン
バス	ビジネス	ブラシ	ベル	ボタン

TRACK 087

[파·피·푸·페·포]와 [빠·삐·뿌·뻬·뽀]의 중간 정도의 발음이며 영어의 [p] 발음과 비슷합니다.

パ	ピ	プ	ペ	ポ
파 [pa]	피 [pi]	푸 [pu]	페 [pe]	포 [po]
パ パ	ピ ピ	プ プ	ペ ペ	ポ ポ
パ パ	ピ ピ	プ プ	ペ ペ	ポ ポ

パラパラ	ピカピカ	プルプル	ペラペラ	ポカポカ
[파라파라]	[피카피카]	[푸루푸루]	[페라페라]	[포카포카]
팔락팔락, 훌훌	반짝반짝	부들부들, 탱글탱글	술술(유창한 모습)	따끈따끈
パラパラ	ピカピカ	プルプル	ペラペラ	ポカポカ
パラパラ	ピカピカ	プルプル	ペラペラ	ポカポカ

1 **단어에 들어가는 탁음에 ○표 하세요.**

2 **★표에 들어가는 음으로 바른 것을 고르세요.**

3 음성을 잘 듣고 일치하는 단어를 고르세요. TRACK 088

4 빈칸에 들어갈 글자가 속해 있는 행을 이어 보세요.

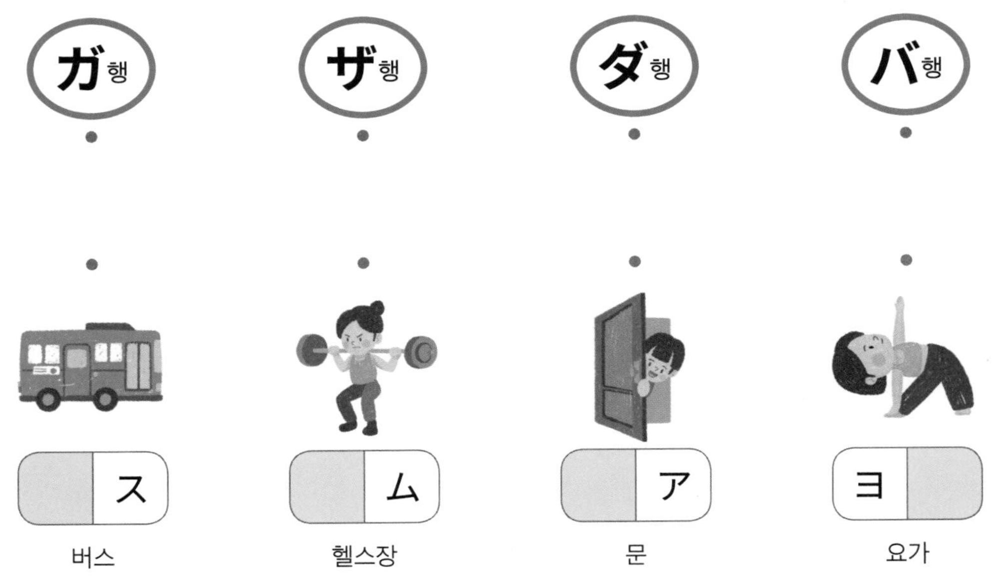

5 발음 표시를 보고 가타카나 탁음・반탁음을 모두 써 보세요.

탁음

	ア단	イ단	ウ단	エ단	オ단
ガ행	ガ [ga]	[gi]	[gu]	[ge]	[go]
ザ행	[za]	[ji]	[zu]	[ze]	[zo]
ダ행	[da]	[ji]	[zu]	[de]	[do]
バ행	[ba]	[bi]	[bu]	[be]	[bo]

반탁음

	ア단	イ단	ウ단	エ단	オ단
パ행	[pa]	[pi]	[pu]	[pe]	[po]

음성 듣기

KATAKANA

3

요음

イ단에서「イ」를 제외한「キ・ギ・シ・ジ・チ・ニ・ヒ・ビ・ピ・ミ・リ」뒤에
「ヤ・ユ・ヨ」를 작게 써서 한 글자처럼 발음합니다.

キャ 캬 [kya]	キュ 큐 [kyu]	キョ 쿄 [kyo]
ギャ 갸 [gya]	ギュ 규 [gyu]	ギョ 교 [gyo]
シャ 샤 [sha]	シュ 슈 [shu]	ショ 쇼 [sho]
ジャ 쟈 [ja]	ジュ 쥬 [ju]	ジョ 죠 [jo]
チャ 챠 [cha]	チュ 츄 [chu]	チョ 쵸 [cho]
ニャ 냐 [nya]	ニュ 뉴 [nyu]	ニョ 뇨 [nyo]
ヒャ 햐 [hya]	ヒュ 휴 [hyu]	ヒョ 효 [hyo]
ビャ 뱌 [bya]	ビュ 뷰 [byu]	ビョ 뵤 [byo]
ピャ 퍄 [pya]	ピュ 퓨 [pyu]	ピョ 표 [pyo]
ミャ 먀 [mya]	ミュ 뮤 [myu]	ミョ 묘 [myo]
リャ 랴 [rya]	リュ 류 [ryu]	リョ 료 [ryo]

TRACK 090

[캬·큐·쿄]라고 발음합니다.

キャ 캬 [kya]		キュ 큐 [kyu]		キョ 쿄 [kyo]	
キャ	キャ	キュ	キュ	キョ	キョ
キャ	キャ	キュ	キュ	キョ	キョ

キャベツ [캬베츠] 양배추	キュート [큐-토] 큐트(cute), 귀여운 모양	キョロキョロ [쿄로쿄로] 두리번두리번, 힐끔힐끔
キャベツ	キュート	キョロキョロ
キャベツ	キュート	キョロキョロ

TRACK 091

[갸·규·교]라고 발음합니다.

ギャ		ギュ		ギョ	
갸 [gya]		규 [gyu]		교 [gyo]	
ギャ	ギャ	ギュ	ギュ	ギョ	ギョ
ギャ	ギャ	ギュ	ギュ	ギョ	ギョ

シャ행

TRACK 092

[샤·슈·쇼]라고 발음합니다.

シャ	シュ	ショ
샤 [sha]	슈 [shu]	쇼 [sho]

シャ	シャ	シュ	シュ	ショ	ショ
シャ	シャ	シュ	シュ	ショ	ショ
シャ	シャ	シュ	シュ	ショ	ショ

シャツ	シュート	ショー
[샤츠] 셔츠	[슈-토] 슛, shoot	[쇼-] 쇼, show
シャツ	シュート	ショー
シャツ	シュート	ショー

ジャ행

TRACK 093

[쟈·쥬·죠]라고 발음합니다.

ジャ 쟈 [ja]		ジュ 쥬 [ju]		ジョ 죠 [jo]	
ジャ	ジャ	ジュ	ジュ	ジョ	ジョ
ジャ	ジャ	ジュ	ジュ	ジョ	ジョ

ジャム [쟈무] 잼	ジュース [쥬-스] 주스	ジョーク [죠-크] 조크, 농담
ジャム	ジュース	ジョーク
ジャム	ジュース	ジョーク

チャ행

TRACK 094

[챠·츄·쵸]라고 발음합니다.

チャ 챠 [cha]		チュ 츄 [chu]		チョ 쵸 [cho]	
チャ	チャ	チュ	チュ	チョ	チョ
チャ	チャ	チュ	チュ	チョ	チョ

チャンス [챠ㄴ스] 찬스, 기회	チュー [츄-] 뽀뽀	チョコレート [쵸코레-토] 초콜릿
チャンス	チュー	チョコレート
チャンス	チュー	チョコレート

ニャ행

TRACK 095

[냐·뉴·뇨]라고 발음합니다.

ニャ		ニュ		ニョ	
냐 [nya]		뉴 [nyu]		뇨 [nyo]	
ニャ	ニャ	ニュ	ニュ	ニョ	ニョ
ニャ	ニャ	ニュ	ニュ	ニョ	ニョ

ニャンコ	ニュース	ニョキニョキ
[냐o코] 고양이, 야옹이	[뉴-스] 뉴스	[뇨키뇨키] 쑥쑥, 쭉쭉
ニャンコ	ニュース	ニョキニョキ
ニャンコ	ニュース	ニョキニョキ

ヒャ행

TRACK 096

[햐·휴·효]라고 발음합니다.

ヒャ		ヒュ		ヒョ	
햐 [hya]		휴 [hyu]		효 [hyo]	
ヒャ	ヒャ	ヒュ	ヒュ	ヒョ	ヒョ
ヒャ	ヒャ	ヒュ	ヒュ	ヒョ	ヒョ

* 가타카나 「ヒャ」가 들어간 단어는 거의 없습니다.

ヒューマン
[휴-마ㅇ]
휴먼, 인간

ヒューマン

ヒューマン

ヒョウ
[효-]
표범

ヒョウ

ヒョウ

TRACK 097

[뱌·뷰·뵤]라고 발음합니다.

ビャ		ビュ		ビョ	
뱌 [bya]		뷰 [byu]		뵤 [byo]	
ビャ	ビャ	ビュ	ビュ	ビョ	ビョ
ビャ	ビャ	ビュ	ビュ	ビョ	ビョ

ビャクダン
[뱌쿠다ㅇ]
백단향(식물)

ビャクダン

ビャクダン

ビューティ
[뷰-티]
뷰티, 미용

ビューティ

ビューティ

* 가타카나「ビョ」가 들어간 단어는 거의 없습니다.

ピャ행

TRACK 098

[퍄·퓨·표]라고 발음합니다.

ピャ		ピュ		ピョ	
퍄 [pya]		퓨 [pyu]		표 [pyo]	
ピャ	ピャ	ピュ	ピュ	ピョ	ピョ
ピャ	ピャ	ピュ	ピュ	ピョ	ピョ

＊ 가타카나 「ピャ」가 들어간 단어는 거의 없습니다.

ピューマ
[퓨-마]
퓨마

ピューマ
ピューマ

ピョンピョン
[표ㅇ표ㅇ]
깡총깡총, 폴짝폴짝

ピョンピョン
ピョンピョン

[먀·뮤·묘]라고 발음합니다.

ミャ		ミュ		ミョ	
먀 [mya]		뮤 [myu]		묘 [myo]	
ミャ	ミャ	ミュ	ミュ	ミョ	ミョ
ミャ	ミャ	ミュ	ミュ	ミョ	ミョ

ミャンマー [먀ㄴ마-] 미얀마	ミュージカル [뮤-지카루] 뮤지컬	ミョンドン [묘ㅇ도ㅇ] 명동
ミャンマー	ミュージカル	ミョンドン
ミャンマー	ミュージカル	ミョンドン

TRACK 100

[랴·류·료]라고 발음합니다.

リャ 랴 [rya]		リュ 류 [ryu]		リョ 료 [ryo]	
リャ	リャ	リュ	リュ	リョ	リョ
リャ	リャ	リュ	リュ	リョ	リョ

コーリャン [코-랴ㅇ] 고량, 수수(식물)	リュージュ [류-쥬] 루지(동계 올림픽 종목)	マトリョーシカ [마토료-시카] 마트료시카(러시아 전통 인형)
コーリャン	リュージュ	マトリョーシカ
コーリャン	リュージュ	マトリョーシカ

✳ 확인 문제

1 단어에 들어가는 요음을 골라 ○표 하세요.

2 ★표에 들어가는 글자로 바른 것을 고르세요.

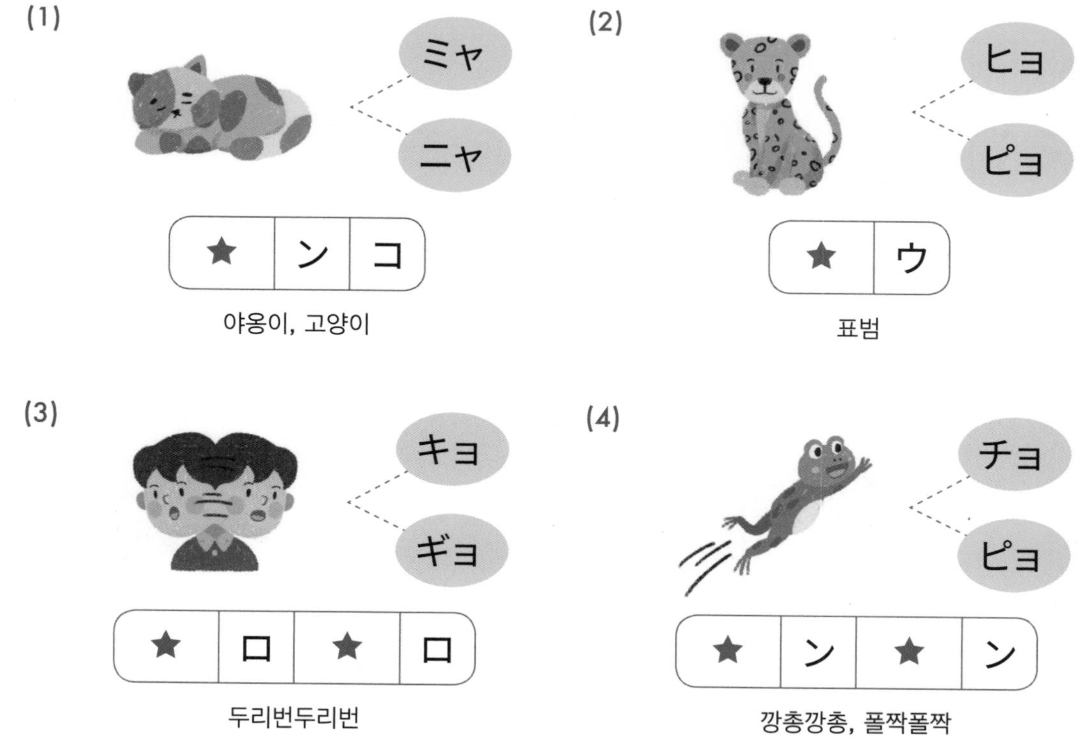

✱ 확인 문제

3 음성을 잘 듣고 일치하는 단어를 고르세요. TRACK 101

(1)

ジュース	☐	チュース	☐

(2)

キョーザ	☐	ギョーザ	☐

(3)

シュー	☐	チュー	☐

4 빈칸에 들어가는 글자를 이어 보세요

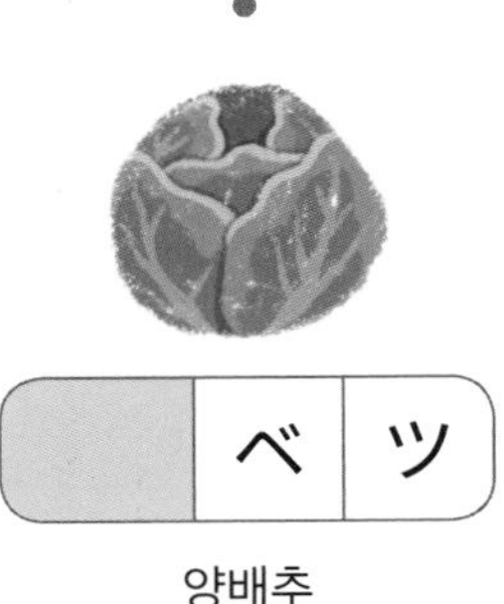

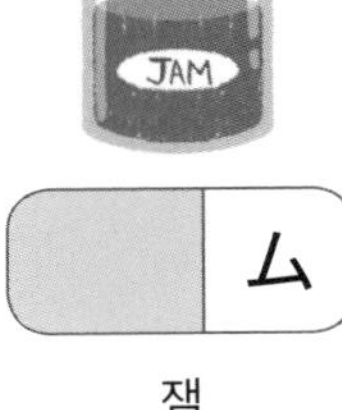

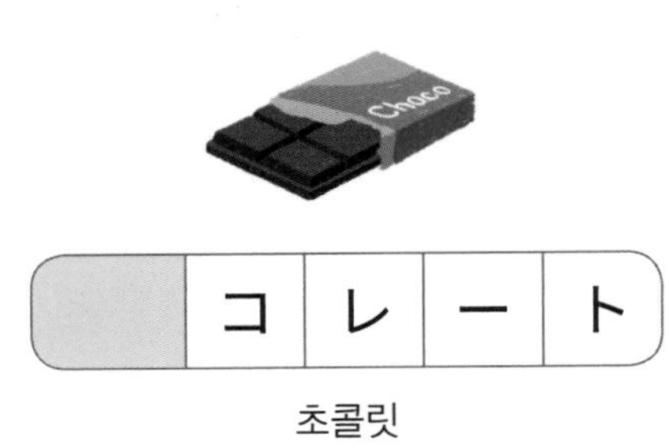

5 발음 표시를 보고 가타카나 요음을 모두 써 보세요.

キャ [kya]	[kyu]	[kyo]
[gya]	[gyu]	[gyo]
[sha]	[shu]	[sho]
[ja]	[ju]	[jo]
[cha]	[chu]	[cho]
[nya]	[nyu]	[nyo]
[hya]	[hyu]	[hyo]
[bya]	[byu]	[byo]
[pya]	[pyu]	[pyo]
[mya]	[myu]	[myo]
[rya]	[ryu]	[ryo]

음성 듣기

KATAKANA 4

촉음·발음 장음

히라가나와 마찬가지로 가타카나의 촉음, 발음도 각각 한 글자에 해당하는 한 박의 길이로 말해야 합니다. 가타카나의 장음은 「ー」로 표기합니다. 「ー」가 있고 없고에 따라 의미가 달라지는 경우도 있으니 주의해서 익혀 봅시다.

가타카나 촉음

TRACK 102

「ツ」를 작게 쓴 것을 촉음이라고 하며 우리말 ㄱ, ㅅ, ㄷ, ㅂ 받침과 비슷합니다. 촉음 바로 뒤의 자음과 동일한 소리로 발음하면 됩니다. 음의 길이가 우리말 받침과 달리 한 박자이므로 주의하세요.

촉음 뒤에 カ행이 오면 [ㄱ]으로 발음

トラック 트럭

[토라ㄱ꾸]

トラック	トラック
トラック	トラック

촉음 뒤에 サ행이 오면 [ㅅ]으로 발음

メッセージ 메시지

[메ㅅ세-지]

メッセージ	メッセージ
メッセージ	メッセージ

촉음 뒤에 タ행이 오면 [ㄷ]으로 발음

マッチ 성냥

[마ㄷ치]

マッチ	マッチ
マッチ	マッチ

촉음 뒤에 パ행이 오면 [ㅂ]으로 발음

カップ 컵

[카ㅂ뿌]

カップ	カップ
カップ	カップ

✱ 가타카나 발음

발음(撥音)은 「ン」으로 표기되는 소리를 가리키며, 우리말 ㅁ, ㄴ, ㅇ 받침과 비슷합니다. 「ン」은 바로 뒤에 오는 자음에 따라 소리가 변하며, 음의 길이가 우리말 받침과 달리 한 박자이므로 주의하세요.

「マ · バ · パ」행 앞에서는 [ㅁ]으로 발음

コンマ 콤마, 소수점 [코ㅁ마]	タンバリン 탬버린 [타ㅁ바리ㅇ]	コンパ 다과회, 친목회 [코ㅁ파]
コンマ	タンバリン	コンパ
コンマ	タンバリン	コンパ

「サ · ザ · タ · ダ · ナ · ラ」행 앞에서는 [ㄴ]으로 발음

センス 센스 [세ㄴ스]	アンズ 살구 [아ㄴ즈]	ピンチ 핀치, 위기 [피ㄴ치]
センス	アンズ	ピンチ
センス	アンズ	ピンチ

ヒント 힌트 [히ㄴ토]	バンド 밴드 [바ㄴ도]	オンライン 온라인 [오ㄴ라이ㅇ]
ヒント	バンド	オンライン
ヒント	バンド	オンライン

「カ・ガ」행 앞에서는 [ㅇ]으로 발음

アンコ 팥소 [아ㅇ꼬]	マンガ 만화 [마ㅇ가]
アンコ	マンガ
アンコ	マンガ

「ア・ハ・ヤ・ワ」행 앞에서는 [ㄴ과 ㅇ]의 중간 발음

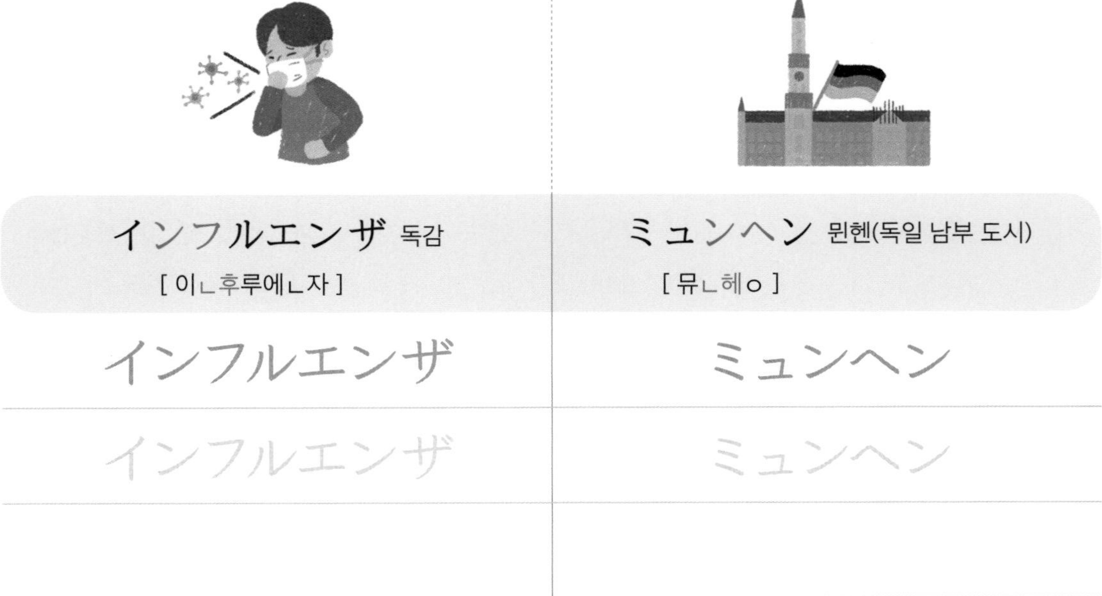

インフルエンザ 독감 [이ㄴ후루에ㄴ자]	ミュンヘン 뮌헨(독일 남부 도시) [뮤ㄴ헤ㅇ]
インフルエンザ	ミュンヘン
インフルエンザ	ミュンヘン

✱ 가타카나 장음

가타카나로 외래어를 표기할 때는 장음을 「ー」로 표기합니다.

ア단 + ー → [아ー]

スカート 스커트, 치마
[스카ー토]

スカート

スカート

イ단 + ー → [이ー]

スキー 스키
[스키ー]

スキー

スキー

ウ단 + ー → [우ー]

グーグル 구글
[구ー구르]

グーグル

グーグル

エ단 + ー → [에ー]

ケーキ 케이크
[케ー키]

ケーキ

ケーキ

オ단 + ー → [오ー]

ロープ 로프, 밧줄
[로ー프]

ロープ

ロープ

요음 + ー → [요ー], [유ー]

ニュース 뉴스
[뉴ー스]

ニュース

ニュース

✱ 확인 문제

1 히라가나를 참고하여 빈칸에 가타카나를 적어 보세요.

(1)

か っ ぷ

(2)

ま っ ち

(3)

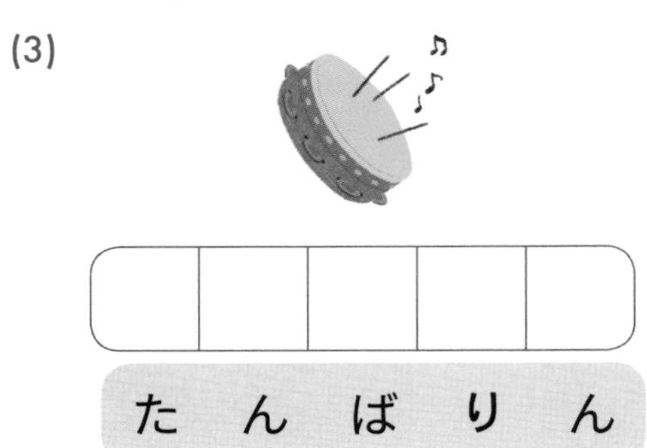

たんばりん

(4)

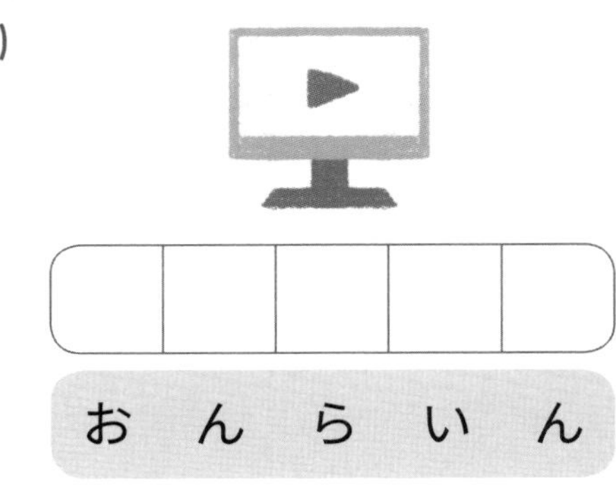

おんらいん

2 그림을 보고 올바른 표기에 ○표 하세요.

(1)

スカト	
スカート	

(2)

メロン	
メーロン	

(3)

コーヒ	
コーヒー	

(4)

ケキー	
ケーキ	

3 음성을 듣고 보기 와 같이 빈칸에 일본어와 뜻을 써 보세요. TRACK 106

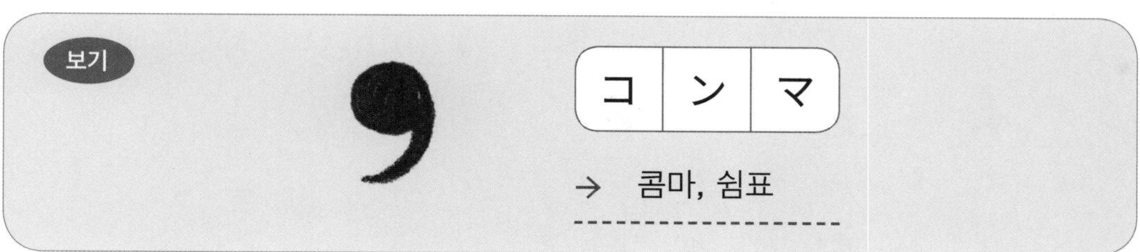

(1)

→

(2)

→

(3)

→

(4)

→

(5)

→

(6)

→

✱ 정답 (확인 문제)

HIRAGANA 1 청음 54p

1

う		(ま	め)	さ	ゆ	
よ	て	し	ね	み	わ	(む
た	り	く		(あ	ぬ	し)
に	(ふ		も	い)	つ	せ
え	れ	ね)	ん	き	む	え
(ゆ	き)	と	ち	る	(や	
	な	ろ	の	か	を	ま)

2

(1) あめ O / おめ

(2) いめ / いぬ O

(3) くら / くち O

(4) はね / はれ O

3

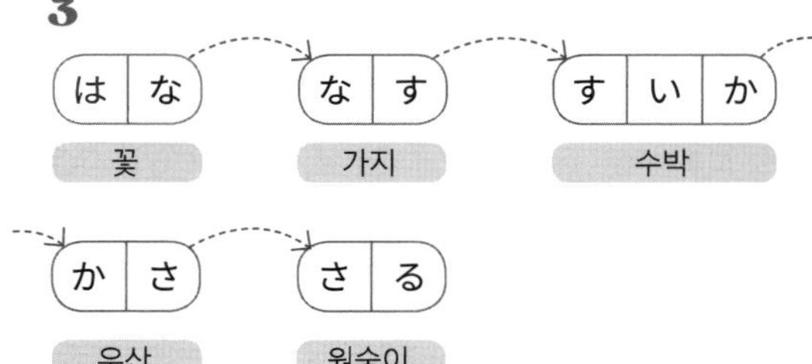

4

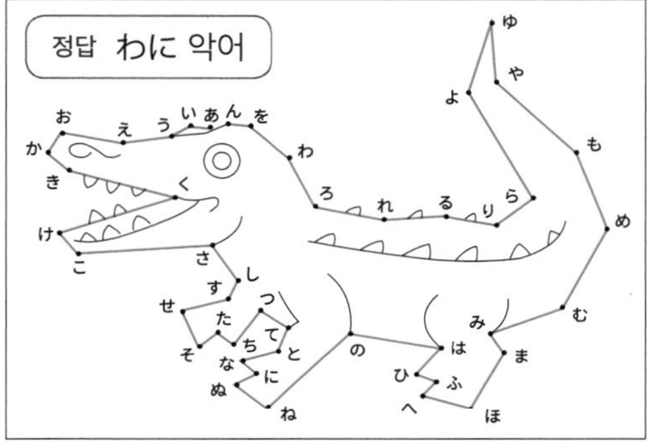

HIRAGANA 2 탁음·반탁음 63p

1 (1) **ぐ** ず づ

(2) げ **べ** で

(3) が ぼ **ぞ**

2 (1)

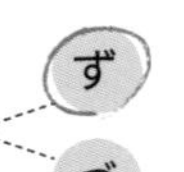

(2) だ / **ば**

(3) **が** / ざ

(4)

3 (1) ②

(2) ①

(3) ③

4

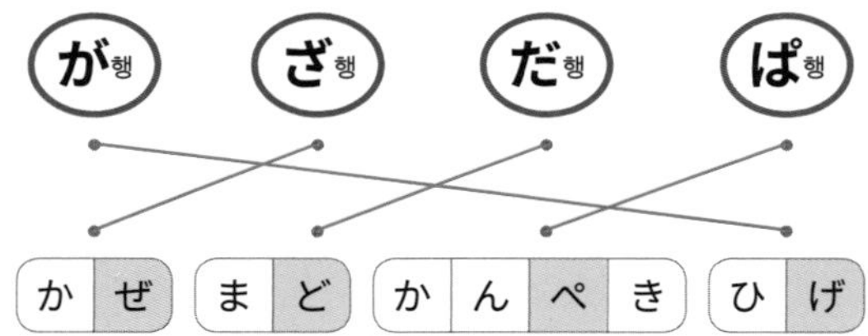

5 교재 57p를 참고하세요.

HIRAGANA 3 요음 79p

1 (1) びゃ **みゃ** りゃ

(2) きゅ **しゅ** ちゅ

(3) りょ ぴょ **じょ**

2 (1)

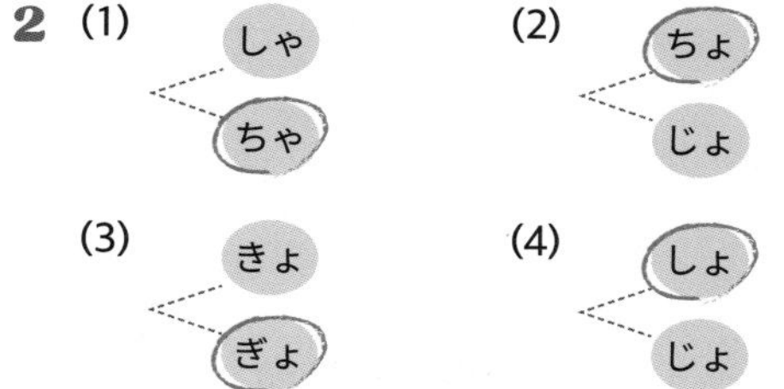

3 (1) ③

(2) ②

(3) ③

4

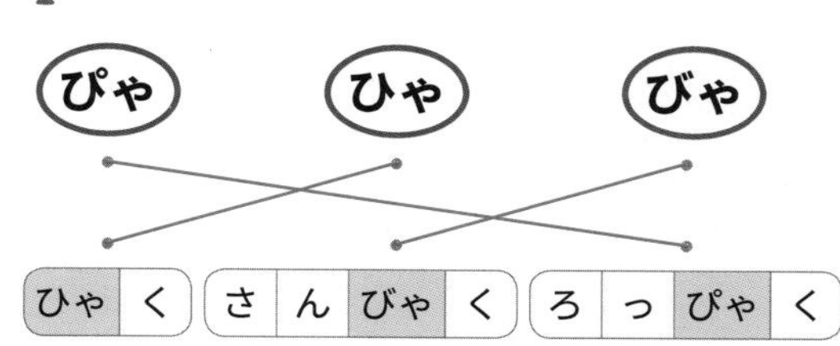

5 교재 67p를 참고하세요.

HIRAGANA 4 촉음·발음·장음 89p

1 ④

2 (1)

おねえさん	
おじいさん	O

(2)

まんが	
でんわ	O

(3)

きっぷ	O
ひっこし	

(4)

さんま	
だんご	O

3 (1) お ね え さ ん

→ 언니, 누나

(2) す も う

→ 스모, 일본 씨름

(3) ふ う ふ

→ 부부

(4) え い が

→ 영화

(5) せ ん せ い

→ 선생님

(6) こ お り

→ 얼음

✱ 정답 (확인 문제)

KATAKANA 1 청음 126p

1

メ	ハ	(우유)	ミ	ル	ク	シ
(시계)	タ	ア	セ	テ	ナ	ム
ヨ	イ	ト	(소녀)	キ	ノ	ク
ユ	ム	マ	イ	ク	ス	ヘ
ソ	オ	ル	(마이크)	ワ	TOILET	ラ
チ	HOTEL	シ	セ	ト	イ	レ
ホ	テ	ル	ロ	モ	フ	ニ

2 (1) コアラ O / ユアラ
(2) チント / テント O
(3) テニス O / チニス
(4) ハマ / ハム O

3 (1) ソ ウ ル / そ う る
(2) ロ シ ア / ろ し あ
(3) フ ラ ン ス / ふ ら ん す
(4) メ キ シ コ / め き し こ

4 (1) ソ ス セ (ツ) サ
(2) リ (コ) ラ ル レ
(3) (セ) ホ ハ フ ヘ
(4) ミ ム マ (ナ) モ

KATAKANA 2 탁음・반탁음 135p

1 (1) ゼ ド (ゴ)
(2) (ダ) デ グ
(3) ボ ザ (ゲ)

2 (1) (ズ) / ヅ

(2) (ジ) / ヂ

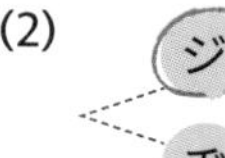

(3) (ボ) / ポ
(4) バ / (パ)

3 (1) ① (2) ③ (3) ②

4

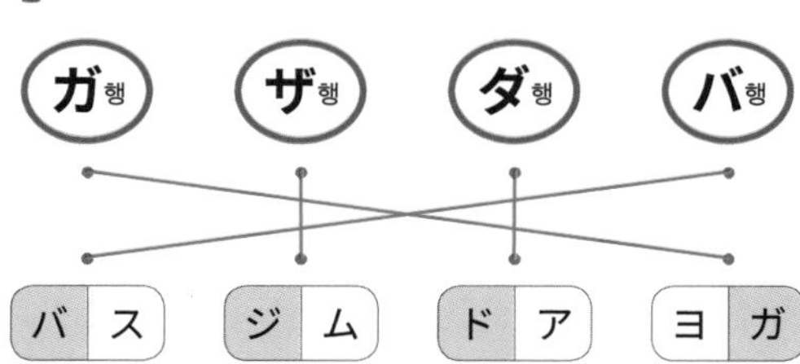

5 교재 129p를 참고하세요.

KATAKANA 3 요음 151p

1 (1) キャ (シャ) ジャ
(2) リュ ミュ (ニュ)

(3) 

2 (1) (2)

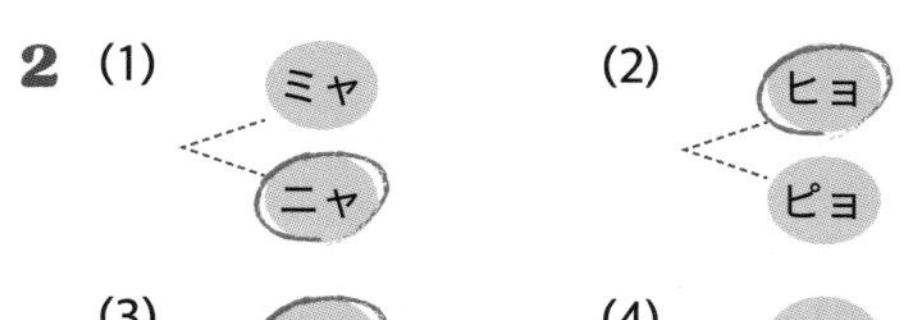

(3) (4)

3

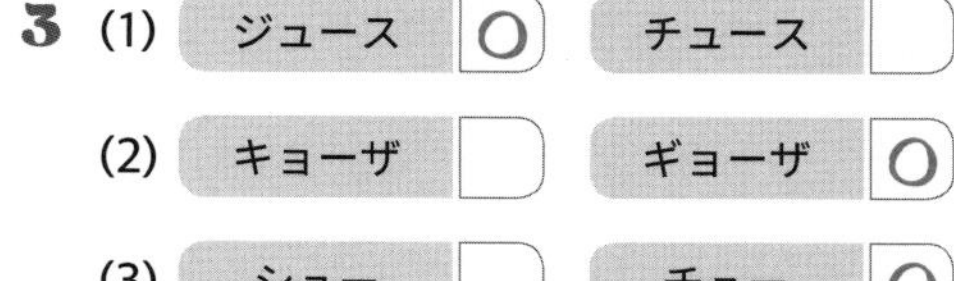

4

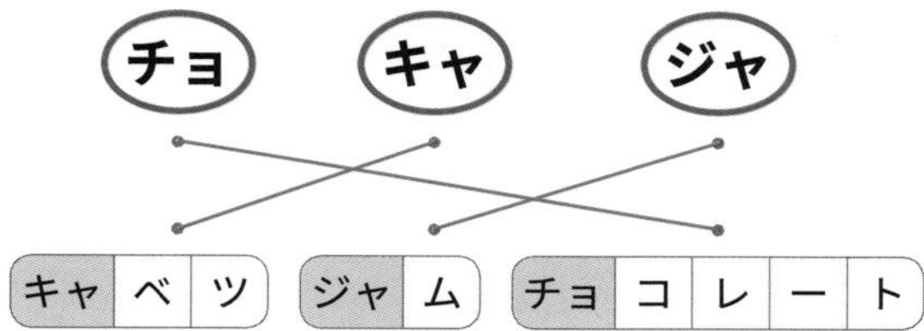

5 교재 139p를 참고하세요.

KATAKANA 4 촉음·발음·장음 160p

1 (1)

カ	ッ	プ
か	っ	ぷ

(2)

マ	ッ	チ
ま	っ	ち

(3)

タ	ン	バ	リ	ン
た	ん	ば	り	ん

(4) 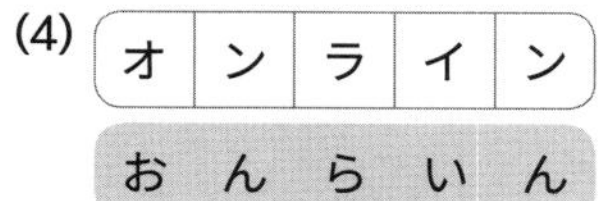

2

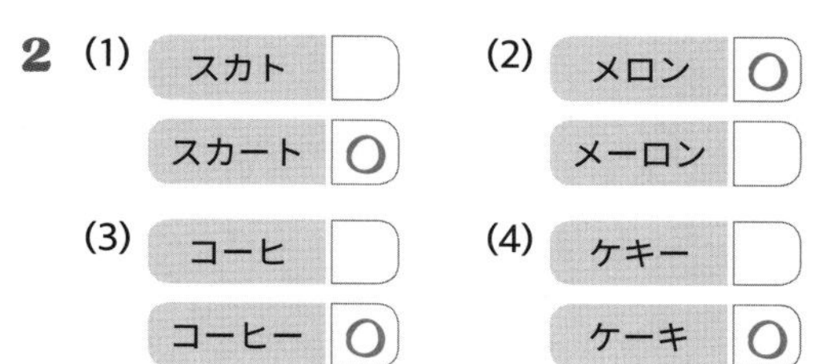

3 (1) 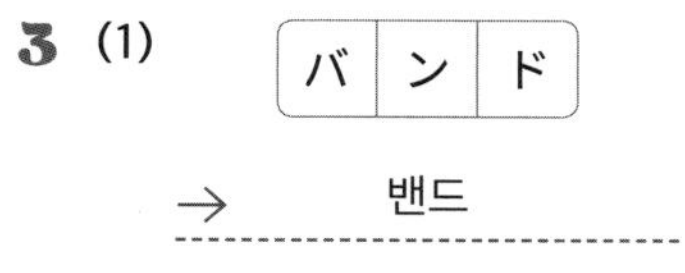

(2) 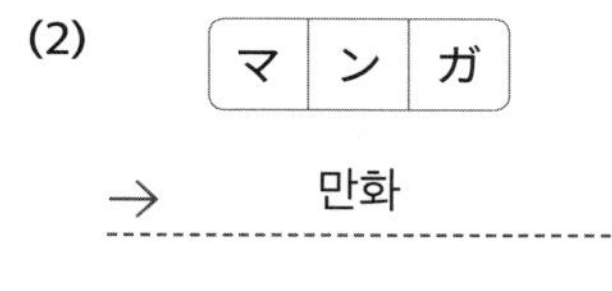

(3) 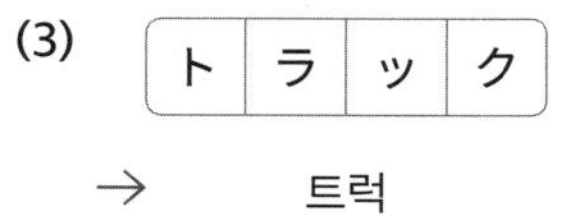

(4) 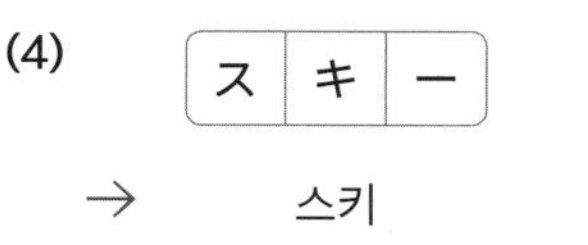

(5) 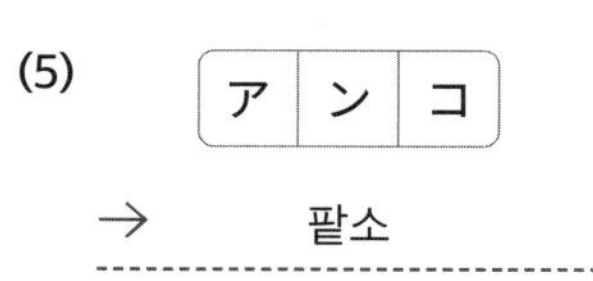

(6) 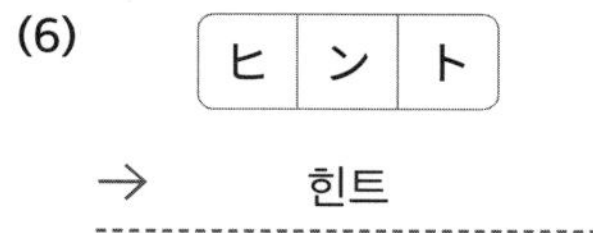

memo

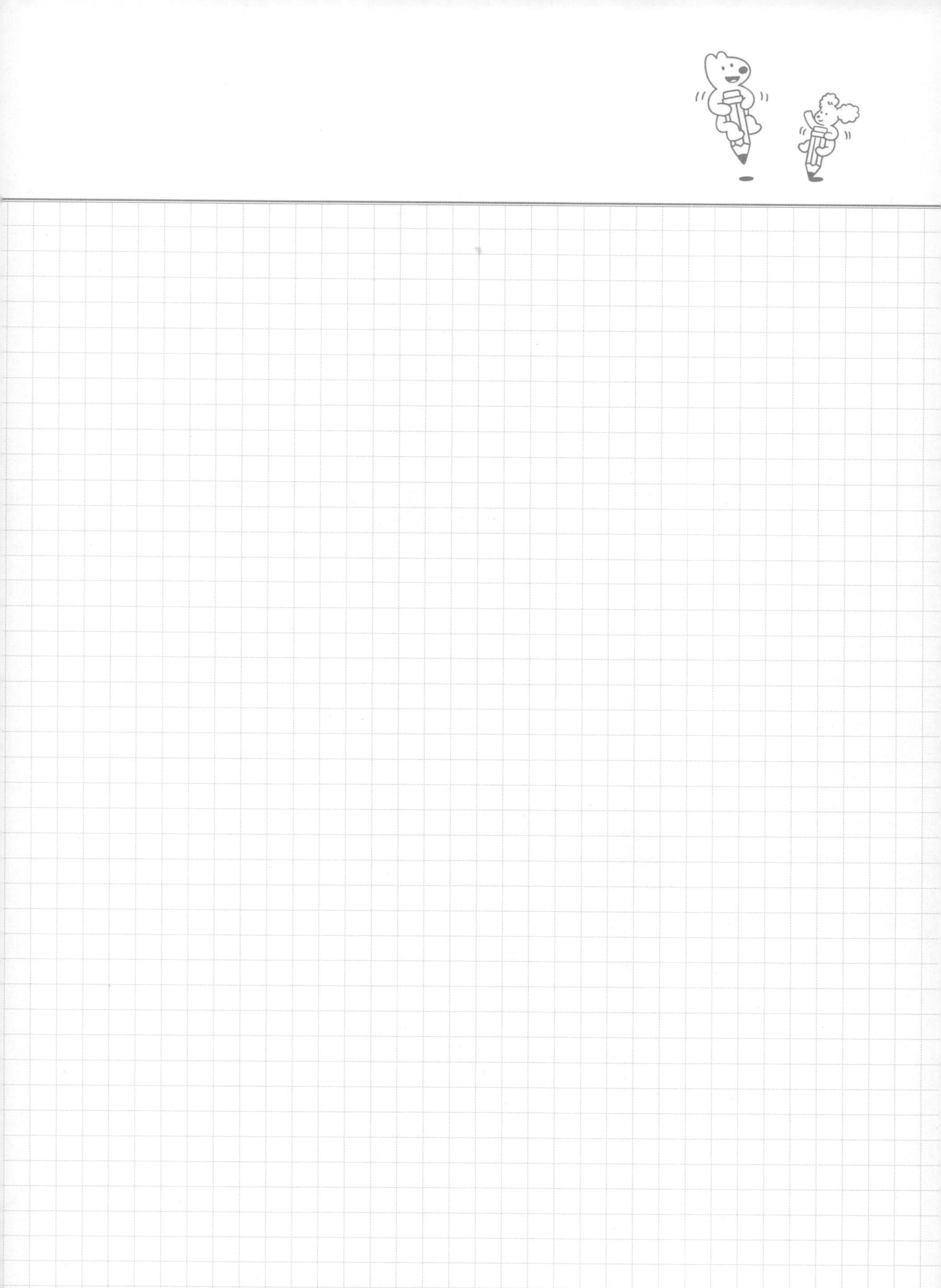

착! 붙는 일본어

히라가나 가타카나

초판발행	2024년 8월 5일
1판 2쇄	2024년 9월 25일
저자	일본어 공부기술연구소
편집	조은형, 김성은, 오은정, 무라야마 토시오
펴낸이	엄태상
디자인	권진희
일러스트	eteecy(표지), 최예나(내지)
조판	김성은
콘텐츠 제작	김선웅, 장형진
마케팅	이승욱, 왕성석, 노원준, 조성민, 이선민
경영기획	조성근, 최성훈, 김다미, 최수진, 오희연
물류	정종진, 윤덕현, 신승진, 구윤주
펴낸곳	시사일본어사(시사북스)
주소	서울시 종로구 자하문로 300 시사빌딩
주문 및 교재 문의	1588-1582
팩스	0502-989-9592
홈페이지	www.sisabooks.com
이메일	book_japanese@sisadream.com
등록일자	1977년 12월 24일
등록번호	제 300-2014-92호

ISBN 978-89-402-9417-8 (13730)